nd Charlotte von Stein

d Gottfried Benn

Friedrich Schlegel

Max Weber und Else Jaffé-Richthofen

Annette von Droste-Hülshoff und Levin Schücking

Johannes Brahms und Clara Schumann

*Ich trage das
Glück
in meinem
Herzen*

Elsa von Eckartsberg

Ich trage das Glück in meinem Herzen

Sternstunden der Liebe

Scherz

Inhalt

Sprache der Liebenden
Sei die Sprache des Landes ...

HÖLDERLIN

Für Rolf Henry von Eckartsberg,
in liebender Erinnerung

Vorwort

Dieses Buch handelt von den Hoch-Zeiten der Liebe, wo immer sie sich auf deutschem Boden zwischen Liebespaaren oder auch bei kleineren Gruppen von Menschen abspielten.

Es ist demnach ein Buch über ekstatische Liebe und Leidenschaft, deren Spuren wir hauptsächlich im 18. und 19. Jahrhundert, aber auch noch zu Anfang des 20. Jahrhunderts finden.

Der Visionär dieser Liebe war unzweifelhaft Richard Wagner, etwa wenn er zu Ende seines «Ring»-Zyklus ein «Reich der Liebe» auf einer «verjüngten Erde» heraufzubeschwören versuchte, das nicht ein so rasches Ende finden würde wie alle sonstigen politischen Reichsgründungen.

Daß dieses «Reich» nicht nur ein Traum oder eine Utopie war, sondern schon vor ihm und nach ihm vielerorts in Deutschland von unseren größten Künstlern, Dichtern und Denkern, ja selbst von einigen Politikern gelebt und verwirklicht wurde, möchte dieses Buch unter Beweis stellen.

Goethe war wohl sein erster Repräsentant – das Liebesgenie *par excellence* – und Else Lasker-Schüler sein vorläufig letzter, jedenfalls endet unser Bericht, zeitlich gesehen, mit ihrer Liebesgeschichte.

Die Grenzen dieses hier postulierten Reiches der

Liebe erstrecken sich vom Starnberger See und Bodensee bis hinauf in den Norden, wo die «graue Stadt am Meer», Husum, sein äußerster Pol ist.

Aber es reicht auch von Düsseldorf bis nach Weimar und Berlin und hat sein Zentrum, wenn man so sagen will, im Raume Frankfurt gefunden.

Und wir können ihm nur wünschen, daß es weiterhin wachse, und das Diktum, daß in unseren Tagen die Liebe tot sei, sich niemals als wahr erweisen möge.

Denn wer könnte wirklich ohne Liebe leben? Liebe, die durch ihre Gefühlsintensität unser Bewußtsein verändert und erweitert und die Welt mit ihrer strahlenden Aura wenigstens für die kurze Zeit eines «schönen Wahnsinns» oder einer «großen Illusion» verklärt und verzaubert?

Ob kurz oder lang andauernd, «Sternstunden der Liebe» sind die Erleuchtung, die unser meist nüchtern-prosaisch gelebtes Dasein braucht, um nicht im Dunkel und Bedeutungslosen zu versinken.

Diese «Sternstunden» können das ganze Spektrum der Liebe umfassen, vom Sinnlichsten bis zum Geistigsten; ihnen allen gemein aber ist die absolute, leidenschaftliche Zuwendung zweier – oder auch mehrerer – Menschen zueinander: Trennte ein Wasser sie, so würde sie nichts davon abhalten können, noch auf diesem Wasser zu einander zu gehen. Der große Soziologe Max Weber nannte es in einem Brief an seine zukünftige Braut einmal den «göttlichen Zwang der vollen, bedingungslosen Hingabe».

Mit Max Weber glaube ich fest, daß diese Art von Liebe niemals aussterben wird!

Drama am Starnberger See

Wer heutzutage an den Starnberger See fährt, erlebt vielleicht einen der Tage, an dem das Wasser des Sees wie ein Spiegel zu seinen Füßen ruht und man es sich kaum vorstellen kann, daß hier, an diesen friedlichen Ufern, an denen Möwen und Schwäne sorglos ihr Futter suchen, einmal die Wogen höchster Leidenschaft und Liebe schäumten.

Vom Bahnhof kommend, bummelt man vielleicht ein wenig die Seepromenade entlang, hingerissen vom Anblick der mächtigen, oft schneebedeckten Bergketten, die sich südlich des Sees wie gefrorene Wellen am Horizont entlang hinziehen, etwas wie Sehnsucht erweckend, selbst im ganz der Moderne hingegebenen Menschen.

Vielleicht weht auch der Föhn, während man stehenbleibt und an einem Zeitungsstand Ansichtskarten entdeckt und studiert, die außer den Sehenswürdigkeiten des Ortes auch immer wieder zwei Menschen abbilden, nämlich den jungen König Ludwig II. von Bayern und Elisabeth von Österreich, eine gebürtige Bayerin, die ihre Kindheit und Jugend in Schloß Possenhofen, an diesem See gelegen, verbrachte.

Unser Interesse ist geweckt. Zwei überdurchschnittlich schöne und bezaubernd wirkende junge Menschen, die doch nie als ein Paar auf den Ansichtskarten sichtbar werden, immer vereinzelt vor ihren Schlössern stehen, geheimnisvoll lächelnd.

Was ist ihre Geschichte? In welchem Verhältnis standen sie einst zueinander, und welche Rolle hat der See in ihrer beider Leben gespielt?

Und warum lächeln sie sich so beschwörend – so scheint es uns jedenfalls – von der Vielzahl der Postkarten mit immer mysteriöser erscheinendem Mienenspiel zu?

Gibt es hier etwa ein Geheimnis zu entziffern?

Unsere Suche nach Entschlüsselung des Lebens- und vielleicht gar Liebesrätsels dieser beiden berühmten Menschen des 19. Jahrhunderts führt uns zunächst einmal zurück ins Jahr 1864.

Biographen teilen uns mit, daß in diesem Jahr mehrere höchst wichtige, die politische, aber mehr noch die Kulturgeschichte und wohl am meisten die Liebesgeschichte Deutschlands beeinflussende Ereignisse stattgefunden hatten.

Zum ersten war der erst achtzehnjährige Ludwig II. nach dem Tode seines Vaters, König Maximilian II., am 10. März König von Bayern geworden.

Gleich einen Monat später erfolgte dann eine der ersten kulturellen Großtaten des jungen Regenten: Er schickte seinen Staatsrat mit dem unzweideutigen Auftrag in die Welt, einen gewissen Richard Wagner, flüchtigen Theaterkapellmeister und Komponisten, ausfindig zu machen, koste es was es wolle, und ihn unverzüglich zu ihm nach München zu bringen.

Was auch geschah.

Wagner wurde am Abend des 2. Mai in Stuttgart aufgefunden und ihm wurde ein Porträt des Königs und ein Rubinring überreicht mit den Worten: So wie dieser Rubin glühe, glühe König Ludwig vor Verlangen, den Wort- und Tondichter des «Lohengrin» zu sehen.

Und schon am 4. Mai, in den frühen Nachmittagsstunden, wurde ein höchst überraschter Wagner vom König in der Münchner Residenz empfangen, was den Anfang einer langen, Kunst und Leben verändernden Beziehung zwischen König und Komponist bedeutete.

All das ist längst Geschichte geworden und wohl den meisten Lesern schon bekannt. Und so fragen wir uns an dieser Stelle vielleicht, was hat das alles mit Ludwig und Elisabeth von Österreich und dem Starnberger See zu tun? Und den Wellen einer großen Liebesleidenschaft?

Die etwa vier Wochen dauernde «Sternstunde» der Begegnung dieser beiden Männer ist der Hintergrund, von dem sich die Begegnung Ludwig-Elisabeth, die kurz darauf erfolgte, nur um so strahlender abheben wird.

Also zuerst einmal Ludwig und Richard Wagner. So fing es an, das Drama am Starnberger See. Es ist gleichsam sein erster Akt.

Was Ludwig von Anfang an für Wagner fühlte, war mehr als Freundschaft, ja es ist oft als Leidenschaft bezeichnet worden. Aber diese Leidenschaft war nichts Neues. Wahrscheinlich rührte sie schon von seiner frühesten Jugend her, der Münchener «Lohengrin»-Aufführung von 1858, bei der Ludwig nicht einmal anwesend gewesen sein soll, von der er aber soviel erzählt bekam, daß sein leidenschaftliches Interesse geweckt wurde, und das gleich für beide: für den Komponisten-Dichter *und* für die Figur des «Schwanenritters», die ihn überaus beeindruckt hatte.

Zeitlebens identifizierte sich Ludwig mit der Rittergestalt Lohengrins, und er hatte wohl auch in Wagner selbst einen gleichsam aus außerirdischen Fernen für kurze Zeit zur Erde niedersteigenden Gralsritter erhofft, in dessen magisch schimmernde Augen hinein er sogleich, beim ersten Treffen, ohne jedes Bedenken oder Zögern für sich die Eidesformel sprach: «Ihm in Treue allzeit verbunden zu bleiben».

Und er machte dies Gelöbnis, obgleich – wie Ludwig später gestand – der erste Eindruck der «realen» Persönlichkeit Wagners auf ihn «nicht günstig» war.

Es ist bekannt, daß Ludwig dieses so rasch, im ersten Kennenlernen schon formulierte «stumme Treuegelöbnis» bis an sein Lebensende, trotz vielfacher späterer Krisen in seinem Verhältnis zu Wagner, nie gebrochen oder bereut hat.

Was er von Anfang an instinktiv in Wagner erfühlte, war dessen schöpferische Tiefe, die er hellsichtig als ein uferlos entfesseltes Meer erkannte, das dichterische und musikalische Traumwelten heraufbeschwören konnte, in denen Ludwig allein zu leben wünschte, dem Künstlichen, dem Irrealen, dem Mythischen bis zur letzten Faser seines Wesens hingegeben.

Wagner bedeutete für Ludwig die Garantie einer unpolitischen, ekstatischen und bewußtseinserweiternden Welt, geboren aus magischem Denken und Dichten, verwirklicht im alle Sinne betörenden theatralischen Gesamtkunstwerk der Opernbühne.

Aber wie oft kann man in die Oper gehen? Sicherlich nur dann und wann, höchst sporadisch, selbst wenn man zusätzlich noch private Vorführungen anordnen kann. Das alles genügte Ludwig nicht.

Um täglich in einer höheren, rein ästhetischen Welt

der Töne und Klänge und dichterischen Träume leben zu können, mußte er Wagner ganz einfach zu sich holen, aber nicht nach München, in die Welt der Staatsgeschäfte, sondern an den Starnberger See, wo es leichter war, sich zum Höhenflug aufzuschwingen.

So siedelte Ludwig schon in den nächsten Tagen des Frühlings von 1864 Wagner am See an, wo er für ihn das Pelletsche Landhaus bei Kempfenhausen als Sommerwohnung mieten ließ, ganz in der Nähe seines eigenen Schlosses, in das er selbst Mitte Mai zog.

Wie die vielen, heute so berühmten und beliebten Schlösser beweisen, die der König in der Folgezeit in Oberbayern bauen ließ, liebte er die Voralpenlandschaft weit mehr als München, seinen Regierungssitz.

Den größten Teil seiner Regierungzeit aber verbrachte er hier am Starnberger See, in dem gar nicht grandios angelegten Schloß Berg, das noch heute existiert.

Wenn der König aus den Fenstern seines Schlosses schaute, hatte er zur Linken die Roseninsel vor Augen, ein «im Schilf verdämmerndes, unbewohntes Eiland», und zur Rechten, am Gegenufer des Sees, Schloß Possenhofen, Elisabeth von Österreichs Sommeraufenthalt.

Fast täglich nun sahen sich König und Künstler, mehr und mehr ihrem gegenseitigen, fast übermächtigen Zauber verfallend.

Die Intensität der Freundschaft dieser beiden Männer, an Liebe grenzend und die Sprache der Leidenschaft sprechend, sucht ihresgleichen in der Weltgeschichte.

«Es ist ein hinreißender Umgang», schreibt Wagner in diesen ersten Wochen ihrer Begegnung. «Dieser Drang nach Belehrung [im König], dies Erfassen, dies Erleben

15

und Erglühen ist mir nie so rückhaltlos schön zuteil geworden.»

Und in der Tat konnte Ludwig den Dichter und Musiker Wagner gar nicht absolut genug in sein Wesen aufnehmen, ihn mit tausend Fragen über sein Werk und auch sein Leben fast täglich überschüttend, wenn er ihn in «fliegender Fahrt» im königlichen Wagen von seiner Villa zu sich aufs Schloß gebracht hatte.

Hier mußte Wagner ihm am Klavier aus seinen Opern vorspielen, Bühnenvorgänge erläutern und sogar manchmal Teile des Textes singen und vieles aus seinen theoretischen Schriften vorlesen.

Obendrein schrieb Ludwig noch Briefe an Wagner. So heißt es in einem Brief dieser Zeit: «Immer stärker wird in mir das Verlangen, Sie ganz zu kennen, noch mehr zu hören! – Ich möchte den Entwicklungsgang Ihres Geistes genau kennenlernen, um Sie vollkommen begreifen zu können...»

Schon bald hören sich die Briefe wie «exaltierteste Liebeserklärungen» an, was sie sicherlich auch waren, jedenfalls zu Anfang, in der Sternstunde ihres Begegnens. Ludwig wollte alles für Wagner sein, «Welt, Weib und Kind», in fast maßloser, jugendlicher «Besitznahme» des älteren und so viel reiferen Komponisten.

Und Wagner akzeptierte all diese überschwenglich angebotenen Gaben des jungen Königs, nach einem ruhelosen, in seiner ersten Ehe vereinsamten, oft katastrophennahen Leben sich nun ausruhend, entspannend, entfaltend in den Strahlen dieser königlichen Liebessonne.

Im Gefühl seiner Errettung – auch aus finanziellen Sorgen – und seines neuen, ungetrübten Glücks im

Zusammensein mit dem königlichen Freund, schreibt er in einem Brief fast triumphierend: «Ach! Endlich ein Liebesverhältnis, das keine Leiden und Qualen mit sich führt!»

Und Ludwig verströmt sein Fühlen für Wagner, den «Tristan»- und «Lohengrin»-Magier, in Briefanreden wie: «Glühend Geliebter! Himmlischer Freund...»

Aber wie lange können selbst Engel auf der Spitze einer Stecknadel tanzen, wie schon die Scholastiker einst fragten? Auch Engel müssen eines Tages stürzen.

Und so finden wir schon bald Zeichen einsetzender Desillusionierung, zuerst aus Wagners Feder fließend, wenn er nun etwa niederschreibt: «Nur wie auf höchster Bergesspitze kann ich mich mit diesem jungen König unterhalten.»

Der sublimste geistige Austausch mit dem König kann nicht verhindern, daß sich Wagner in seiner Villa am See mehr und mehr vereinsamt fühlt und sich nach weiblicher Nähe zu sehnen beginnt.

Er sieht ein, daß der «göttliche Jüngling», Ludwig, wirklich ein Gott hätte sein müssen, um ihm *alles* zu sein, wie Ludwig in seiner Begeisterung für den Meister gehofft hatte.

Wagner ertrug das Alleinleben nicht. Wie schon oft zuvor in seinem Leben war er bereit, selbst seine Kunst für ein «rückhaltlos liebendes Weib» hinzugeben.

Auch Ludwig muß zur gleichen Zeit etwas von der Forciertheit, dem letztlich doch Unnatürlichen seiner ans Maßlose grenzenden Verehrung Wagners gespürt haben.

Und so stürzten beide schon bald in die plötzlich wiedererkannte Realität des Allgemeingültigen ab, beide wie erschreckt über die Absolutheit ihrer mit «Tristan-Intensität» geäußerten Gefühle füreinander.

Fast sieht es wie Flucht aus, wenn der König schon Mitte Juni nach München zurückfährt und, außer einen kurzen Dankbrief an Wagner, vier Wochen kein Wort mehr an ihn schreibt, und erst, nach einer erstaunlichen Reise, am 15. Juli auf Schloß Berg wieder erscheint: ein veränderter Mensch, der auch Wagner in höchst veränderten Umständen wiederfindet.

Denn in diesen kurzen vier Wochen erleben beide Männer eine neue «Sternstunde der Liebe», aber diesmal mit dem anderen Geschlecht: Ludwig entdeckt für sich seine Kusine Elisabeth, auf die er schon in München stößt, und Wagner erhält einen Besuch von der Frau seines besten Freundes, die, alle seine geheimsten Wünsche zu erfüllen, wie vom Schicksal selbst gesandt erscheint.

Aber folgen wir erst Ludwigs Spur. Wie schon angedeutet, trifft er in München seine Kusine Elisabeth, die seit einigen Jahren an der Seite ihres Gemahls, Franz Joseph I., zur Kaiserin von Österreich emporgestiegen war.

Sogleich beim ersten flüchtigen Wiedererblicken ist Ludwig so von Elisabeth fasziniert, daß er sich kurzerhand entschließt, ihr zum damaligen Weltbad Bad Kissingen nachzufahren, wo Elisabeth, wie fast jeden Sommer, zur Kur weilt.

Anfangs will er nur ein paar Tage bleiben, aber aus diesen Tagen werden Wochen, denn er ist unfähig, sich von Elisabeth loszureißen. Er ist wie hypnotisiert von der jungen Frau, die er, wie er später sagt, schon im Knabenalter geliebt hatte, und scheint nun Wagner, den er eben noch so ausschließlich zu lieben vorgegeben hatte, darüber fast völlig zu vergessen – oder bewußt aus seinem Gedächtnis zu vertreiben.

Der König sucht Elisabeths Nähe nun fast täglich. Er scheint sie unendlich zu bewundern, diese acht Jahre ältere Frau, die in erstaunlichem Maße seiner Mutter, der ehemaligen Prinzessin Marie von Preußen, die Ludwig für die «schönste Frau der Welt» hält, ähnlich sieht.

Liebt er sie daher wie eine Mutterfigur? Gewiß spielt das auch eine Rolle. Aber er liebt sie eigentlich noch mehr. Denn obgleich Ludwig seine Mutter als Schönheit bewunderte, hielt er doch gegen sie, daß sie unerträglich «prosaisch» sei, was seine poetische Natur oft sehr verbittert hatte.

Elisabeth aber verband größte äußere Schönheit mit einer ihm ähnlichen, äußerst poetischen, ja phantastischen Natur. Sie lebte in denselben dichterischen Traumwelten, die auch Ludwig begeisterten, war aber auch wie er eine ausgezeichnete Sportlerin, wenn man so sagen will, die es liebte, stundenlang durch die freie Natur zu schweifen, zu Pferd oder auch zu Fuß.

Zeitgenossen beschrieben Elisabeths Zauber daher bezeichnenderweise als eine «Mischung von Sphinx und Feenkönigin».

In ihrer großen Unkonventionalität und ihrem unglaublichen Drang nach äußerer und innerer Freiheit konnte sie gewiß einen solch märchenhaften Eindruck erwecken, auch darin wieder Ludwig sehr ähnlich.

In der Nähe dieser geistreichen Frau, die er schon bald als «Taube» bezeichnete, fühlte sich Ludwig, in einer Art Geheimsprache, zum «Adler» werden. Elisabeth berührte instinktiv eine heroische Seite in ihm, ließ ihn seine Schwingen erproben und ermutigte ihn zu höchster Selbstverwirklichung.

So sehr Ludwig daher seine ihm äußerlich wie innerlich so überaus ähnliche und gleichgestimmte Kusine schon in Bad Kissingen bewundert, die Sternstunde ihrer leidenschaftlichsten Begegnung findet doch erst ein Jahr später statt und wiederum – wie schon in seinem Verhältnis zu Wagner – an den Ufern des Starnberger Sees.

Bevor wir jedoch zur Beschreibung dieses Ereignisses, dem eigentlichen dritten Akt unseres Dramas gelangen, müssen wir uns erst noch einmal Wagner zuwenden, in dessen Leben in diesen Juniwochen, die der König in Bad Kissingen verbrachte, ja auch eine tiefgreifende Veränderung eingetreten war, die den zweiten Akt unseres Dramas darstellt.

Wie Wagner selbst es beschreibt, war am 29. Juni «Bülows Gemahlin – Cosima – eine junge, ganz unerhört seltsam begabte Frau, Liszts wunderbares Ebenbild, nur intellektuell über ihm stehend», bei ihm im zuvor so einsamen Pelletschen Landhaus am See eingetroffen.

Vollkommen ahnungslos und vertrauensvoll hatte ihr Mann, Hans von Bülow, sie mit ihren Kindern zu Wagner an den Starnberger See geschickt, damit sie seinem besten Freund den Haushalt führe, bis er selbst, durch Wagner nach München in Ludwigs Dienste berufen, eine Woche später auch in Kempfenhausen eintreffen würde.

Was von Bülow nicht gewußt hatte, war, daß Wagner und Cosima schon im Herbst des vorangegangenen Jahres, in Berlin, «sich unter vielen Tränen gefunden und

– auf ewig – verbunden hatten», wie Cosima selber bekennt.

Und nun war sie, ein halbes Jahr später, zu Wagner in seine Villa am See gekommen, um ihr Gelöbnis einzulösen. Sie wußte sehr wohl, daß sie dabei ihre gesamte bürgerliche Existenz aufs Spiel setzte und daß «Verdammung und Schmach» von seiten einer noch äußerst konservativen Gesellschaft unvermeidbar folgen würden.

Unglücklich in ihrer eigenen Ehe, nahm sie dieses Risiko, alles zu verlieren, auf sich, im Gefühl einer «heiligen Pflicht» – Ludwigs Gelöbnis nicht unähnlich –, Wagner zu helfen und ihn nicht «zugrunde gehen zu lassen». Auch wußte sie, daß er nicht ohne eine Frau leben konnte.

Wagner, unglücklich in seiner eigenen, schon lange getrennten Ehe, hatte schon vor Jahren seinen Freund Liszt in einem Brief angefleht: «Gib mir ein Herz, einen Geist, ein weibliches Gemüt, in das ich mich ganz untertauchen könnte, das mich ganz faßte – wie wenig würde ich dann nötig haben von dieser Welt.»

Und gerade dieses Geschenk machte ihm nun Franz Liszt, indem er Wagner – ohne es selbst noch zu wissen – seine eigene Tochter «sandte», Cosima, die nun vor Wagner stand, um ihr Schicksal – hier am Starnberger See – dem seinen auf immer zu verbinden, obwohl sie noch auf Jahre hin vor der Welt mit von Bülow verheiratet erscheinen mußte.

Erst 1870 erlangte sie ihre Scheidung von ihm, nachdem auch Wagner durch den Tod seiner ersten Frau Minna wieder frei geworden war.

In Cosima fand Wagner, der sich selbst einmal als

«kindisch empfänglich für Liebe» bezeichnet hatte, nun endlich *die* Lebensgefährtin – zeitlebens gesucht, aber nie zuvor gefunden –, die ihm Hilfe und Ruhe bieten konnte und die, was das für ihn wichtigste war, bedingungslos an ihn glaubte.

Cosima aber fand in Wagner den schöpferischen Künstler, den sie vorbehaltlos verehren und bewundern konnte –, was für sie das wichtigste im Leben war.

Beide wußten, daß nur sie – und niemand sonst auf der Welt – einander ihren tiefsten menschlichen und seelischen Bedürfnissen zu entsprechen vermochten.

Das gab ihnen die Kraft zusammenzubleiben – gegen eine ganze Welt des Geredes und der Bezichtigungen, die sie nun eine Zeitlang verfolgten, wobei das Pelletsche Landhaus nur die erste Kulisse ihres gemeinsamen Lebens ausmachte, das bis zu Wagners Tod im Jahre 1883 andauerte.

Ludwig allerdings hat Cosima nie verzeihen können, daß sie nicht Wagners «Haushälterin» und «Sekretärin» und bloße «Seelenfreundin» war, als die sie sich ihm gegenüber lange ausgegeben hatte.

Wahrscheinlich schmerzte es ihn tief, daß sie Wagner von nun an mehr bedeutete als er selbst, der so sehr gehofft hatte, Wagner «alles» zu sein, seine Gefühlswelt ausschließlich zu regieren. Nun mußte er zusehen, wie Cosima es gelang, zukünftige Opern Wagners Seele zu «entlocken», ein Verdienst, das er gerne sich selbst zugeschrieben hätte.

In der Tat verdanken wir Cosimas ruhigem und ermutigendem Einfluß sowohl die Vollendung der Oper «Die Meistersinger von Nürnberg» als auch die Vollendung des «Ring-Zyklus» innerhalb der nächsten Jahre.

All das spielte sich aber zur Hauptsache am Vierwald-
stätter See in der Schweiz ab, und gehört also demnach
nicht mehr in unsere Betrachtung.

Was sich hier am Starnberger See, in den Stunden eines
kurzen, tief geheimgehaltenen Glücks vollzogen hatte,
war die geistig-physische Vermählung seiner «Sonne»
mit Cosimas «Stern», wie Wagner es in einem langen,
Cosima gewidmeten Gedicht aus dieser Zeit in fast
hymnischen Tönen besingt.

Ein Bündnis, das unzerstörbar blieb bis zum Ende
seines Lebens.

Wir verlassen an dieser Stelle Wagner und Cosima, die
schon Ende Juli 1864 nach München übersiedelten, um
uns noch einmal Ludwig und Elisabeth zuzuwenden –
oder dem dritten Akt unseres Dramas am Starnberger
See.

Wir müssen nun widerlegen, was einige Biographen
Elisabeths behaupten, nämlich daß ihre einzige Bemer-
kung über Ludwig die Worte: «Der arme König!» gewesen sein sollen.

Wäre dies wirklich der einzig überlieferte Ausspruch
der Kaiserin im Hinblick auf ihr Verhältnis zu Ludwig,
hätten wir keinen Grund oder Anlaß, eine «Sternstunde
der Liebe» für die beiden als gegeben vorauszusetzen.
Bloßes Mitleid – für ihren schon nach *einem* Regierungs-
jahr als «höchst absonderlich und phantastisch» gelten-
den königlichen Vetter – ist gewiß keine Leidenschaft
oder gar Liebe.

Zum Glück gibt es aber einen Brief der Kaiserin an
ihren Sohn, den damals siebenjährigen und sehr frührei-
fen Kronprinz Rudolf, der sehr viel aufschlußreichere
Bemerkungen über Ludwig enthält.

Hier ist der Wortlaut dieses kostbaren, kleinen Dokuments einer äußerst subtilen, aber darum nicht minder leidenschaftlichen Zuneigung, jedenfalls erst einmal von seiten Ludwigs: «Gestern hat mir der König eine lange Visite gemacht, und wäre nicht endlich Großmama dazu gekommen, so wäre er noch da. Er ist ganz versöhnt, ich war sehr artig, er hat mir die Hand so viel geküßt, daß Tante Sophie, die durch die Tür schaute, mich nachher fragte, ob ich sie noch habe...»

Dieser erstaunliche Brief stammt vom 31. März 1865 und soll sich noch heute im Staatsarchiv zu Wien befinden. Er wurde aber von der Kaiserin auf Schloß Possenhofen am Starnberger See geschrieben, wo diese erste Wiederbegegnung mit Ludwig – nach den Tagen in Bad Kissingen – stattgefunden hatte.

Am 28. März war sie von Wien nach München gefahren, wo Ludwig sie in Person am Bahnhof abgeholt hatte, obwohl Elisabeth sich jeden dortigen Empfang im voraus verbeten hatte.

Daß Ludwig es sich nicht nehmen ließ, selbst gegen ihr Gebot, auf sie am Bahnhof, in aller Öffentlichkeit also, zu warten, und ihr dann sogleich zum Starnberger See nachfuhr, widerspricht höchst eindeutig zeitgenössischen Urteilen, daß nämlich der König «bis jetzt keinerlei Gefallen an Damengesellschaft und Umgang mit dem weiblichen Geschlecht» gefunden hätte.

Elisabeth ist demnach die einzige Frau, der gegenüber er seine bislang zur Schau getragene Abwehrstellung gegen Frauen durchbricht.

Und wenn weitere Biographen behaupten, daß selbst diese Faszination Ludwigs in bezug auf Elisabeth nicht ihr *als Frau* galt, sondern vielmehr nur einer eigentümlich geistig-seelischen Verwandtschaft der beiden, dann kann unser kleines, gerade zitiertes Briefdokument vom Starnberger See auch dies sehr schnell widerlegen.

Es spricht, in unseren Augen, von weit mehr als «geistig-seelischer» Sympathie. Es erzählt uns von Leidenschaft im vollsten Sinn des Wortes.

Welche Frau würde es wohl nicht als eine einzigartige Sternstunde der Liebe empfinden, wenn der Mann, der sie bewundert, gleich tagelang bei ihr bleiben möchte, die Zeit völlig vergißt, nicht von ihrer Seite weicht und noch dazu ihre Hand so anhaltend und hingebungsvoll küßt, daß es am Ende scheint, als wäre diese völlig an den Geliebten verlorengegangen?

Wenn wir ganz ehrlich sind, können wir uns keinen idealeren Liebhaber als den «absonderlichen und phantastischen» König Ludwig vorstellen.

Ich glaube daher, daß wir Ludwig durchaus als einen romantischen Helden *par excellence* entdecken müssen, der ganz zu Unrecht mit Frauenfeindschaft gebrandmarkt wurde. Die Wahrheit ist, daß er nicht Frauen (im allgemeinen), sondern nur *eine* Frau – und sonst niemand mehr – lieben konnte. Und diese Frau war die für ihn tragischerweise schon verheiratete Elisabeth, der gegenüber er einer der glühendsten Liebhaber, die je lebten, war.

Eine Hofdame Elisabeths beschrieb Ludwig bezeichnenderweise einmal so, daß er immer «wie Lohengrin in der Hochzeitsprozession einherschreitend» ausgesehen habe. Er muß sich geistig durchaus mit Elisabeth vermählt gefühlt haben, ein Grund vielleicht, warum seine Verlobung mit Elisabeths Schwester, Sophie, niemals zur Ehe führen konnte...

Und diese Intensität ihrer beiderseitigen Zuneigung nimmt keineswegs mit der Zeit ab, ganz im Gegenteil. Noch zwölf Jahre später besuchen sich beide gegenseitig auf ihren Schlössern am Starnberger See, wobei wir noch für 1877 etwa Belege haben für die Hingebung, mit der Ludwig, selbst zu dieser Zeit noch, an Elisabeth hing.

Eine junge Verwandte der Kaiserin, Marie Louise Gräfin Larisch, die Elisabeth zu ihrer ständigen Begleiterin ausersehen hatte, beschreibt einen Abschied der beiden auf Schloß Berg mit den folgenden, höchst suggestiven Worten: «Ludwig war ein großer, gut aussehender Mann stolzer Haltung – durchaus majestätisch. Als er neben Elisabeth stand, überfiel mich plötzlich die Einsicht, was für ein wunderbares Paar die beiden abgeben würden! In dem Moment beugte sich Ludwig über Elisabeths Hand und sagte: ‹Auf Wiedersehen, Elisabeth›...»

Diese einfachen, geflüsterten Abschiedsworte hätte Ludwig mit einer solchen leidenschaftlichen Konzentration gesagt, Elisabeth dabei tief in die Augen blickend, daß sich die zuschauende Gräfin wie ein Eindringling in ein großes Geheimnis vorgekommen wäre. Sie zeigte sich daher so «überrascht und verwundert», daß Elisabeth ihre Erschütterung wahrnahm und ihr auf der Rückfahrt im Wagen mit größtem Nachdruck zu sagen für nötig hielt: «Halte Deinen Mund fest verschlossen, was immer Du siehst. Schweigen ist Gold...»

Daß Schweigen Gold sei, hätte ihr Elisabeth daraufhin so oft wiederholt, daß es zum Gesetz ihres Lebens geworden sei, das sie erst im hohen Alter brach, um ihre Memoiren zu veröffentlichen.

Es scheint uns, daß diese Gräfin im Schloß Berg auf

eine der größten, aber auch am meisten geheimgehaltenen Leidenschaften des vergangenen Jahrhunderts gestoßen war.

Weitere Zeugnisse dafür finden sich aber auch noch aus Elisabeths eigener Feder. Sie zeigen an, wie tief sich auch Elisabeth selbst zeitlebens zu Ludwig hingezogen fühlte. Für sie blieb der König immer unverrückbar der «einzig heroische Charakter» unter allen Männern, die sie kannte, der «Adler», den sie in ihrem eigenen Gedicht, an der Nordsee verfaßt, noch 1885, also ein Jahr vor seinem Tod, so anruft:

> Du Adler dort hoch auf den Bergen,
> Dir schickt die Möwe der See
> Einen Gruß von schäumenden Wogen
> Hinauf zum ewigen Schnee.

Dieses Gedicht, das eine große Bedeutung für sie gehabt haben muß, trug Elisabeth sogleich nach ihrer Rückkehr persönlich auf Ludwigs Schloß am Starnberger See, um es ihm direkt in die Hände zu legen. Zu ihrer tiefen Enttäuschung war der König aber gerade an diesem Tag nicht auf Schloß Berg.

Als Ludwig am Pfingstsonntag 1886 unter tragischsten Umständen im Starnberger See ertrinkt, ist Elisabeth so erschüttert, daß sie sich abends beim Beten – ihre Tochter war Zeuge davon – plötzlich der Länge nach auf den Boden wirft, um mit Gott wegen dieses unverzeihlich frühen Todes ihres «königlichen, geistigen Bruders» zu ringen.

Bei der Nachricht seines Todes rief sie aus: «Der König war kein Narr, nur ein in Ideenwelten lebender

Sonderling. Man hätte ihn mit mehr Schonung behandeln müssen.» Der illustre Visionär war ihr lieber als so viele andere Männer im Vollbesitz rationalen Denkens, die sie in ihrem Leben kennengelernt hatte und die sie oft bis zum Verdruß mit ihren prosaischen, pragmatischen Naturen gelangweilt hatten.

Sie blieb noch auf Jahre mit der abgeschiedenen Seele Ludwigs in Verbindung und beweinte sein tragisches Schicksal in einer Sammlung von Gedichten und Prosa, die sie unter dem Titel «Ein königliches Märchen» niedergeschrieben haben soll, dabei auch Tagebuchaufzeichnungen Ludwigs verwendend.

Was Ludwig einmal in einem Brief über sich ausgesagt hat, nämlich daß er sich selbst und allen anderen «ein ewiges Rätsel» bleiben wollte, läßt sich gewiß ebensogut auf das so enigmatisch anmutende Verhältnis der beiden Liebenden, denen der dritte Akt des Dramas am Starnberger See galt, anwenden.

Wie ein fernes Echo klingen Ludwigs bewundernde Worte immer noch über den jetzt wieder so stillen und spiegelglatten See, den Elisabeth nach Ludwigs Tod nie wieder besucht haben soll: «Das Gefühl der aufrichtigsten Liebe und Verehrung und der treuesten Anhänglichkeit, das ich... für Dich im Herzen trug, es macht mich den Himmel auf Erden wähnen und wird nur mit dem Tode verlöschen...»

Und wir hören Elisabeth, wie sie ihm mit Worten aus Shakespeares «Ein Wintermärchen» antwortet: «Nicht die Vernunft der ganzen Welt kommt gleich – der Wonne dieses Wahnsinns.»

Für uns Nachlebende aber bleibt ein großes (dreifaches) Mysterium über dem See hängen, gelöst-ungelöst, wie geballte Sommerwolken, die vor den fernen Bergen dahintreiben, glänzende Gestalten unvergänglicher Liebe.

Feuer in der «grauen Stadt am Meer»: Husum

*I*mmer mehr Menschen reisen heute in den Norden zur «grauen Stadt am Meer», die Theodor Storm vor über hundert Jahren einmal in einem seiner bekanntesten Gedichte unsterblich gemacht hat. Vielleicht, um etwas von jenem «Zauber» zu spüren, den der Dichter dort, in jenem entlegenen Ort, als erster entdeckt hatte und an dem sein «ganzes Herz» zeitlebens hing.

Und Storm war gewiß kein Hinterwäldler. Im Justizdienst stehend, hatte er in mehreren deutschen Städten gelebt und gearbeitet, aber es zog ihn doch immer wieder nach seiner Heimatstadt am Meer zurück, wo er seine Kindheit und Jugend und dann seine reiferen Jahre bis zum Tod verbrachte.

So reisen wir, fast wie ein Detektiv oder ein etwas vernarrter Liebhaber, dieser seltsamen, melancholischen und dennoch so verherrlichten Stadt entgegen, um herauszufinden, was es mit diesem unzerstörbaren Zauber, den Storm in seinem Gedicht besingt, wohl auf sich hat.

Die Stadt liegt wirklich «seitab». Wenn man endlich an den Strand gelangt, liegt dieser wie ein grauer Streifen neben einem eintönig brausenden, grauen Meer, Land und See nur zu oft von Regen gepeitscht, von Nebel «schwer gedrückt». Und am Strand «weht das Gras».

Es ist noch genauso wie vor hundert Jahren. Der Reiz der Stadt (und ihrer Umgebung) scheint allein auf der

Schwermut zu beruhen, die einen unwiderstehlich ergreift, wenn man etwas ziellos, besonders in «Herbstesnacht» – wie Storm – in ihr herumwandert. Der Dichter hat recht. Es läßt sich trotz eines eifrigen Tourismusbetriebs nicht sehr viel Positives über diese Stadt sagen.

Sie scheint demnach nur die etwas dunkel-melancholische Kulisse für einen «Zauber» zu sein, den wir auf einer anderen Ebene zu suchen haben, nämlich der der verklärenden Erinnerung.

Lesen wir das berühmte Gedicht, ganz einfach «Die Stadt» genannt, etwas genauer, werden wir plötzlich gewahr, daß es nicht irgendein äußerer, sondern spezifisch «der Jugend Zauber» ist, der «lächelnd» für immer auf der grauen Stadt ruhe.

Aber – ist nicht der Jugend Zauber immer auch zugleich der Liebe Zauber?

Setzt dieses kleine, dreistrophige, mehr verschweigende als offenbar machende Gedicht uns vielleicht unvermuteterweise auf die Spur einer großen Liebe, die darin angedeutet, aber keineswegs ausgesprochen ist?

Eine große Liebe! Wenn es so einfach wäre! Wenn es im Leben eines Menschen, und noch dazu eines so erlebnis- und zärtlichkeitshungrigen Dichters wie Theodor Storm, nur *eine* Liebe gäbe!

Nein, der «Jugend Zauber», erlebt vom jungen Storm in jener nördlich kalten Stadt, umfaßt, wie wir heute wissen, wenigstens vier mehr oder minder leidenschaftliche Lieben, wobei allerdings nur eine davon, die letzte und späteste, vom Dichter selbst als eine «Sternstunde der Liebe» in einem seiner großartigen Gedichte, bezeichnenderweise «Mysterium» genannt, verherrlicht worden ist.

31

Als er diese Sternstunde erlebte, stand er schon im dreißigsten Lebensjahr und hatte gerade eine «bürgerliche Existenz» als junger Advokat und Ehemann in Husum begründet.

Dennoch gehört auch diese seine letzte und «erschütterndste» Liebesleidenschaft noch zum «Zauber der Jugend», auf dessen Spur wir uns befinden.

Aber dieser Zauber begann schon in Storms Kindheit. Schon als Zwölfjähriger erfährt er seine erste «große Liebe». Sie galt der um drei Jahre jüngeren Emma Kühl, einem Mädchen von der Insel Föhr, das er dort bei einem Besuch kennengelernt hatte.

Wie Storm es in einer später verfaßten Erzählung beschreibt, hatte ihr Blick etwas vom «blauen Strahl eines Edelsteins» an sich, und ihr ganzes Wesen muß etwas von der Schönheit eines Frühlingsmorgens ausgestrahlt haben. All dies fesselte den Jungen so sehr, daß er sich etwas übereilt, als er gerade zwanzig wurde, mit ihr verlobte. Er glaubte, ohne sie nicht leben zu können.

Um so erstaunlicher ist es, wenn wir erfahren, daß er sich, ein Jahr vor dieser Verlobung mit Emma Kühl, in ein anderes Liebesverhältnis stürzte, und zwar wiederum zu einem Mädchen, das erst neun Jahre alt war, als er ihre Bekanntschaft machte.

Dieses zweite Mädchen, Bertha von Buchan, das Storm meistens nur «das Kind» oder das «Lockenköpfchen» nannte, schaut uns noch heute mit märchenhaften, lächelnden Augen von einem erhaltenen Gemälde an, und wir können ermessen, warum sich schon beim ersten Kennenlernen in Storm der Gedanke ausbildete, dieses zauberhafte Geschöpf «geistig an sich zu fesseln», koste es, was es wolle.

Zweimal also hatte sich der Dichter in frühester Jugend verliebt, fast gleichzeitig, und beidesmal in ein zu Anfang erst neunjähriges Kind.

Müssen wir daraus schließen, daß der «Zauber der Jugend» nur solch ganz junge Menschen, fast noch Kinder, umschwirrt? Und müssen wir selbst wieder zu Kindern werden, um an ihm teilhaben zu können? Ist das die Botschaft der «grauen Stadt am Meer»?

Zeitlebens glaubte Storm fest daran, daß fast ausschließlich in der «zarten Scheu» der Liebe ihr größter und natürlicher Zauber liege, der leider nur zu bald den immer realer, das heißt immer weniger «märchenhaft» werdenden Lebensverhältnissen zum Opfer fiele.

Das Kindhaft-Märchenhafte der Geliebten ist ihm das Begehrenswerte schlechthin. Warum schreibt er aber dann einmal über Bertha von Buchan an einen Freund diese seltsam anmutenden Worte: «Die Liebe zu diesem Kinde wird mein Leben noch schwer verwüsten...»? Wie kann der «zarte Zauber» eines so unschuldigen jungen Wesens Zerstörung bringen? Ist das nicht irgendwie paradox? Fühlt sich der junge Storm vielleicht ganz unbewußt von etwas wie Inzest bedroht?

Wir scheinen auf ein explosives seelisches Trauma im Leben des Dichters gestoßen zu sein. Wie kommt es denn, fragen wir, nun selbst erregt, daß ein Zwanzigjähriger immer nur «Kinder» lieben kann, selbst wenn er es ästhetisch begründet und zu verbrämen versucht?

Suchen wir weiter in Storms Leben und auch Werk, so erfahren wir endlich, hauptsächlich durch zwei Schlüssel-Gedichte, worin für den Dichter der tiefste «Zauber» seiner Jugend, dessen Rätsel wir auf der Spur sind, bestanden hat.

Das ihn am meisten bezaubernde «Kind» war unzweifelhaft seine eigene Schwester, Lucie, die mit sieben Jahren starb, als Storm selbst gerade zehn Jahre alt war.

Wie innig sich die beiden Geschwister liebten, können wir noch heute in einem Lucie gewidmeten Gedicht lesen, in dem sich Storm Jahre später noch davon bewegt zeigt, wie sehr er gerade an dieser Schwester hing, obgleich sie, nicht unähnlich der Stadt Husum, eigentlich nichts Liebenswertes an sich hatte.

> Nicht war sie klug, nicht schön; mir aber war
> Ihr blaß Gesichtchen und ihr blondes Haar,
> Mir war es lieb; aus der Erinnerung düster
> Schaut es mich an; wir waren recht Geschwister.

Mehr noch. Lucie war ihrem Bruder der Inbegriff alles frühen Liebens. Wie er weiter erzählt, teilte sie ihr «schmales Bettchen» mit ihm, in dem sie «nächstens Wange an Wange schliefen».

Noch zwanzig Jahre nach ihrem Tod sehnt er sich plötzlich nach ihr und fragt sich, ob sie vielleicht immer noch sein «Knabenhaupt an ihrem Herzen» fühlen möchte...

Wie stark, wie zärtlich und bezaubernd, wie lebensbestimmend solch frühe Geschwisterlieben sein können, wissen wir nicht zuletzt von der Psychologie her. Wie diese lehrt, können gerade solche, im frühesten Kindesalter entstandenen Leidenschaften später im Leben zu den stärksten Liebesbindungen und -zwängen überhaupt führen, im erotischen wie im seelischen Bereich.

Storms Leben beweist dies in überzeugender Weise. Zeitlebens blieb der Dichter im Banne jenes schwesterlichen Liebens, das ihm zum Inbegriff alles menschlichen Liebens und Liebeszaubers wurde.

Welch hohe – auch gerade erotisch-sinnliche – Spannungen in einer solchen uranfänglichen Liebesbeziehung aufgespeichert sein können, hat Storm selbst am besten und bewegendsten in einem anderen Gedicht, das er «Geschwisterblut» nannte, zum Ausdruck gebracht.

Dieses Gedicht knistert förmlich vor aufgestauter, auf immer unauslösbarer erotischer Elektrizität!

Nun begreifen wir schon etwas besser, was Storm im tiefsten unter der uns so erregenden Formel «der Jugend Zauber» zugleich verhüllt und offenbar gemacht hat: eine unauslöschliche, mit dem frühen Tod der Schwester plötzlich traumatisch verlorengegangene Liebeserfahrung, die irgendwie im Leben wiederzugewinnen – zuerst in den «Kindern» Emma und Bertha – seine Besessenheit auf Jahre hin ausmachen wird.

Noch mit fünfundzwanzig Jahren hängt er dieser Kindheitsvision nach, wenn er nämlich nun Bertha von Buchan sogar einen Heiratsantrag macht, nachdem er seine Verlobung mit Emma Kühl vier Jahre zuvor, 1838, wieder aufgelöst hatte.

Aber «das Kind» Bertha entzieht sich ihm, kann seine Leidenschaft überhaupt nicht begreifen, hält der Projektion der Schwesterliebe auf sich nicht stand.

Storm aber setzte seinen beiden «Kinderlieben» wohl ein Denkmal mit den folgenden Worten: «Es gibt Tage, die den Rosen gleichen. Sie duften und leuchten, und alles ist vorüber; es folgt ihnen keine Frucht, aber auch keine Enttäuschung, keine von Tag zu Tag mitschreitende Sorge.»

Umschreibt Storm mit jenen Worten nicht am besten

das Mysterium des «Zaubers der Jugend» – eine Liebe, die sich im Augenblick erfüllt, ohne mehr zu wollen, ohne mehr zu versprechen, ohne Verpflichtung auf eine gemeinsame Zukunft hin mit ihren Enttäuschungen und Sorgen; Liebe – gelebt mit den «unsichtbaren Flügeln der Jugend»; Liebe – wie ein «Wellenblinken, das aufleuchtet und wieder erlischt».

So intensiv sich Storm diesen frühen Liebesvisionen in seinen Gefühlen hingegeben haben mochte, waren sie, mit anderen Worten, doch nur die Vorbereitung für eine Leidenschaft, die ihn erst überwältigen sollte, als er sich gerade mit einer viel reiferen, ihm ebenbürtigen Frau, seiner Kusine Constanze Esmarch, verheiratet hatte.

Wie schon aus seiner Jugendzeit vorgebildet, gleichsam als *die* Liebesstruktur seines Lebens, erfaßt ihn der große Flügelschlag einer unausweichlichen Liebe erst, nachdem er sich mit einer andern Frau verbunden hat – damals Emma Kühl, nun, im Jahre 1846 Constanze, Constanze Esmarch.

Es ist heute allerdings kein Geheimnis mehr, daß Storm Constanze ohne irgendwelche Liebesleidenschaft, ja sogar fast ganz «ohne Liebe», oder, wie er sich später korrigierte, mit bloß «anfangender Liebe» geheiratet hatte. Während der Brautzeit hatte er Constanze sogar ganz offen mit Zweifeln an ihrem Verhältnis «gequält».

Da sie diese Quälereien aber – und auch die vielen Belehrungen, die er ihr zuteil werden ließ – mit «süßer, mädchenhafter Geduld» ertragen hatte, begann er endlich doch, sie wenigstens erst einmal zu bewundern.

Constanze war zur Zeit ihrer Heirat mit Theodor einundzwanzig Jahre alt, von angenehmer Schönheit

und der damals noch allgemein herrschenden Idee hingegeben, die ideale Hausfrau und Helferin/Dienerin ihres
Mannes sein zu wollen, obgleich der selbst höhere Bil-
dungsziele für sie im Sinne hatte.

Ihre Ehe begann in einem idyllischen Husumer Häus-
chen, in das der junge Advokat nun einzog, um seine
Familie zu gründen, deren Kindersegen schon nach zwei
Jahren mit der Geburt des ersten Sohnes zufriedenstel-
lend einsetzte.

Alles schien in bester Ordnung in diesem «gemütvoll
eingewöhnten leidenschaftslosen Eheidyll» (Thomas
Mann), das die beiden sich schließlich in angestrebter
Harmonie und Sympathie füreinander zurechtgezim-
mert hatten, bis eines Tages, ein Jahr nach Constanzes
Einzug ins Haus, ein Feuersturm die Schwelle dieses
sorgfältig umzäunten Bezirks überspringt, den fernzu-
halten nichts, aber auch gar nichts mächtig genug ist.

Feuerstürme wehen, wo sie wollen, unvorhersehbar
und mit unaufhaltbarer, elementarer Wucht, ohne
Rücksicht darauf, ob sie alles zerstören oder auf immer
mit neuem Leben erfüllen.

Und dieser Feuersturm – in der Gestalt der Husumer
Senatorentochter Dorothea Jensen – kam zuerst wie auf
Taubenfüßen als «feine, zarte Blondine», die Storm
bezeichnenderweise wiederum «das Kind» nennt, und
wir wissen schon, welch magische Macht dies Wort für
ihn besaß.

Unbeirrt und zielsicher erscheint das junge Mädchen
nun fast täglich eineinhalb Jahre lang als «Besuch» im
Stormschen Haus, in dieses mit ihrer Person eine «berauschende Atmosphäre» tragend, der der junge Dich-
ter/Advokat erliegt. Erliegen muß, obwohl, oder viel-

leicht gerade weil Storm Dorothea als Freundin seiner jüngsten Schwester schon seit ihrer Kindheit kannte. Um so mehr trifft ihn nun das Wiedererscheinen der Neunzehnjährigen wie ein Blitz.

Er hatte sie zuvor als dreizehnjähriges Mädchen und dann noch mal als «zarte Siebzehnjährige» gesehen, überzeugt davon, daß auch sie ihn damals schon geliebt habe. Nun aber strahlt ihr ganzes Wesen solch «unbewußt-sinnliches Werben» aus, daß es für Theodor unmöglich wird, dem «eigentümlichen Reiz der zur Jungfrau Erblühten» länger zu widerstehen.

Dorothea oder Doris, wie sie auch genannt wurde, war nicht schöner als Constanze und auch nur drei Jahre jünger als sie. Was sie auszeichnete war, daß sie völlig unbeirrbar dem Zug ihres Herzens folgte. Und dieses Herz kannte nur eines und einen: Theodor – und ihre Liebe zu ihm, lebenslang...

Mit dieser Unbeirrbarkeit ihres Fühlens entstand – wie Storm noch zwanzig Jahre später in einem tiefschürfenden Brief bekennt – «ein Verhältnis der erschütterndsten Leidenschaft» zwischen diesen beiden, das «mit seiner Hingebung, seinem Kampf und seinen Rückfällen jahrelang dauerte».

Wahrlich – ein Feuer in der «grauen Stadt am Meer», wie es lodernder nicht brennen konnte. Züngeln die Flammen der Leidenschaft vielleicht an solch einem Ort höher als anderswo, gerade wegen der Eintönigkeit und unterschwelligen Melancholie, die dort notgedrungen vorherrschen müssen?

Fast sieht es so aus. In südlichen Ländern verschwendet sich erotische Energie, kurz aufflammend, ganz der körperlichen Ekstase hingegeben. Im Norden dagegen verinnerlicht sie sich, ballt sich zusammen zu unauslöschbarer Glut.

Was Dorothea in Storms Leben brachte, war hauptsächlich leidenschaftliches Gefühl, Gefühlsstürme, die Constanze ihm nicht geben konnte, obwohl sie ihn während ihrer kurzen Lebenszeit mit einem Kind nach dem anderen beschenkte.

Es konnte also nicht sexuelle Verführung sein, die Doris ihre vorübergehende – und doch auch wieder nie vergehende – Machtstellung gab.

Was aber *ist* die Essenz einer jeglichen großen Leidenschaft?

Zauber. Magie. Bewußtseinserweiterung. Jugendliche Grenzenlosigkeit des Fühlens. Poetische Erleuchtung. Dionysischer Rausch.

All das brachte Dorothea Storm und – die Unbedingtheit ihrer Hingebung: totale Zuwendung, unablenkbar, zum Einen, Einzigen.

Und sie brachte ihm Sinnlichkeit, die um so glühender und Sinne betörender auf ihn gewirkt haben muß, je weniger diese durch sexuelle Vereinigung entschärft und befriedigt werden konnte.

Der Reiz dieser Sinnlichkeit scheint auch dadurch noch gesteigert worden zu sein, daß Dorothea in geheimnisvoll-erregender Weise schamhaft-schamlos war, ein Paradox, das Storm in einem Gedicht so zum Ausdruck bringt:

> Du biegst den schlanken Leib mir ferne,
> Indes dein roter Mund mich küßt;
> Behalten möchtest du dich gerne,
> Da du doch ganz verloren bist.

Unentwegt muß sie im Geliebten den Wunsch erregt und wachgehalten haben, sie eines Tages ganz zu besitzen, und das heißt: auch physisch.

Das eben zitierte Gedicht endet mit der unzweideutigen Beschwörung an die Geliebte, die «holde Scham» in der Liebe «sterben zu lassen», denn nur, um sie dem Manne zu opfern, habe die Frau diese Scham empfangen.

Endlich muß Dorothea Storms Werben um ihre absolute, vorbehaltlose Hingabe an ihn erhört haben, aber nur – wiederum paradoxerweise – im Augenblick des endgültigen Abschieds von ihm, zu dessen Notwendigkeit sich die beiden Liebenden schweren Herzens nach Jahresfrist durchgerungen hatten. Um die Ehe Storms zu retten? Um dem Klatsch ein Ende zu machen, der in der kleinen Stadt schon längst «zu wispern und zu flüstern» begonnen hatte?

Am meisten wohl, um der Verwirrung der Gefühle – in die auch Constanze schließlich hineingezogen worden war, die von allem wußte und engelhaft alles immer wieder zu verzeihen suchte – zu entgehen und weiterer Lockung und Versuchung zu entsagen, wobei Doris auf immer Husum zu verlassen versprach.

Das klingt alles äußerst heroisch und ehrenhaft und so, als ob die beiden endlich Selbstkontrolle und Rationalität ihres Seins und Handelns wiedergewonnen hätten, wenn, ja wenn Dorothea nicht im geheimen geschworen hätte, daß sie dann, in der Nacht des Abschieds, «bevor wir scheiden», dann und nur dann, ihrem Geliebten vollkommen und vorbehaltlos angehören wolle –, wobei diese letzte Nacht ihres Beisammenseins in unseren Augen zu einer jener «Sternstunden der Liebe» wurde, um die es uns in diesem Buch geht.

Storm selbst hat diesen einmaligen und so nie wieder-
kehrenden Höhepunkt rauschhaften und doch auch ver-
geistigten Liebens in einem seiner enigmatisch-schön-
sten Gedichte für alle Zeiten festzuhalten versucht.

Hier folge dieses Gedicht, das er selbst zu seinen
Lebzeiten nie veröffentlichen ließ, wohl seiner unglaublichen Lebensnähe und Intimität wegen, die beide zusammen, noch heute, atemberaubend wirken:

Mysterium

«Die letzte Nacht, bevor wir scheiden,
Dann, doch nicht eher, bin ich dein.
Gib mir die Hand! Du sollst nicht klagen,
Ich will nichts mehr für mich allein.»

Sie sprach's. Und endlich kam die Stunde,
Und nur die Sterne hielten Wacht;
Nur zweier Herzen tiefes Schlagen
Und nur der Atemzug der Nacht.

Kein Ungestüm und kein Verzagen;
Sie löste Gürtel und Gewand
Und gab sich feierlich und schweigend
Und hülflos in der Liebe Hand.

Er hielt berauscht an seinem Herzen
Die Rose ihres Angesichts.
«So laß mich nun die Welt beschließen!
Nach dieser Stunde gibt sie nichts.»

Sie aber weinte, daß in Tränen
Ihr leidenschaftlich Herz zerging;
Sie dachte nichts, als daß zum Scheiden
Sie jetzt in seinen Armen hing.

Sie bebte bei der Glocken Schlagen
Und schloß sich fest an seine Brust;
Und in den Schmerz der künft'gen Stunden
Warf sie des Augenblickes Lust.

Sie wußte nicht, es war vergessen,
Daß sie begehrt und hülfelos
Lag mit den jungfräulichen Gliedern
In des geliebten Mannes Schoß.

Als er ein Weib umarmen wollte,
Lag sanft entschlummert, atmend lind,
An seinem tiefbewegten Herzen
Ein blasses, müdgeweintes Kind.

Daß diese Sternstunde der Liebe, wie sie wohl schöner
und absoluter nicht gelebt und beschrieben werden
kann, keine vereinzelte oder tatsächlich «letzte» Liebes-
nacht im Leben der beiden blieb, spricht für die in ihr so
verhalten wie explosiv zum Ausdruck gebrachte Stärke
der Liebesenergie und -begeisterung dieser beiden Menschen.

Denn obwohl sich Doris nach diesem Erlebnis schweren Herzens für sechzehn Jahre von Storm und Husum
entfernt, bleibt die Stunde ihres vollsten Liebesbekennt-
nisses weiterhin das beherrschende Sternbild ihres Lebens, das die Liebenden nach langer, fast hoffnungslos
scheinender Trennung endlich wieder zusammenbringt
und sogar, nach Constanzes Tod, zu ihrer Eheschlie-
ßung führt.

Dorothea hatte Theodor in all diesen Jahren – in
welcher Fremde und Entfernung von Husum sie sie auch
immer verbrachte – unverbrüchliche Treue bewahrt und

durch sporadisch geschriebene Briefe eine nie ganz versandete Verbindung mit ihm aufrechterhalten.

Aber auch Theodor hatte, noch zu Lebzeiten seiner Frau, endlich einen Weg gefunden, Doris wieder in seine Nähe – nach Husum – zurückzuziehen.

Viel ist über das «Dämonische» im schriftstellerischen Werk Storms geschrieben worden; daß dieses auch in seinem Leben waltete, erhellt die Tatsache, daß er 1865, als Constanze gerade ihr siebtes Kind erwartete, Dorothea für eine Stellung als Gouvernante beim Husumer Bürgermeister vorschlug, wie dies aus einem erst kürzlich veröffentlichten Brief Dorotheas an Storm hervorgeht.

Sie drückt darin ihr Glücklichsein über diese Empfehlung Storms aus und beschließt ihr Schreiben mit der Ankündigung ihrer Rückkehr nach ihrem geliebten Husum: «Mitte Mai werde ich schon kommen, möchten wir uns froh wiedersehen.»

Im selben Brief hatte sie auch nach Constanzes Ergehen gefragt und sie «tausend Mal» grüßen lassen.

Am 24. Mai aber starb Constanze, kurz nach der Geburt ihrer Tochter Gertrud.

Ein neues «Mysterium» öffnet sich unserem erstaunten Blick. Sieht es nicht fast so aus, als hätte Constanze sich, bewußt-unbewußt, der unaustilgbar-schicksalhaften Liebe der beiden anderen aufgeopfert, damit diese sich endlich – ohne ihr Dazwischenstehen – uneingeschränkt erfüllen könnte?

Fühlte Constanze in der Tiefe ihres Wesens, daß ihr Mann nie von Dorothea freigekommen war und diese immer leidenschaftlich lieben und begehren würde, so heroisch er dies auch zu verdrängen und immer wieder zu leugnen suchte, zum Beispiel, wenn er behauptete, daß er mit seiner Frau «eine so innige Lebensgemeinschaft» ausgebildet hätte, wie sie nur wenige Ehen aufzuweisen haben?

Oder war Constanze ganz einfach lebensmüde geworden nach der Vielzahl der Geburten?

Hatte sie nicht selbst auch immer wieder – ein paar Jahre vor ihrem Tod – Versuche unternommen, Doris nach Husum zurückzubringen, um sie sogar bei sich wohnen zu lassen?

Ahnte sie voraus, daß Doris als die Lebens- und Liebesstärkere *ihre* Rolle als Frau und Mutter eventuell weiterspielen würde, mit größerem emotionalen Einsatz und tieferem Verständnis für ihren Mann?

Jedenfalls schwand Constanze, diese «großdenkende Frau», klaglos dahin, ihren Mann und ihre Kinder Dorothea überlassend, die Theodor ein Jahr nach ihrem Tod heiratete und die noch zweiundzwanzig Jahre mit ihm verbunden blieb bis zu seinem Tod, während Constanze nur neunzehn Jahre an seiner Seite vergönnt gewesen waren.

Wie ein großes, undeutbares Fragezeichen bleibt am Ende die Frage, wer von den beiden Frauen die größere Liebe gehabt habe, die über beider Leben (und Sterben) hängen. Auch bleibt es fast unfaßlich, wie Storm selbst Jahre hindurch eine solche Doppelliebe zu leben und durchzustehen fähig war.

Damit stellt sich das Leben des Dichters selbst als das wohl änigmatischste Gedicht, das er je schrieb, heraus, diktiert vom Schicksal, dem rätselhaftesten aller Künstler: eine Ballade oder gar eine Novelle, wenn man es so sehen will, wobei sich beide selbst der spitzfindigsten

Interpretation der Gelehrten – «Detektive» zu entziehen scheinen.

Wieder stehen wir vor Mysterien der Liebe, die uns mehr berühren als das erschütterndste Liebesgedicht.

Und doch möchten wir niemand davon abhalten weiterzulesen, weiterzuträumen mit den «Gedichten in Worten», die Theodor Storm selbst über dieses Lieben hinterlassen hat: verschlüsselte Spuren einer großen und geheimnisvollen Lebens- und Liebesglut, die nie von irgendeinem noch so starken Wind verweht werden können.

Hören wir seine Stimme noch einmal:

> Die Drossel singt, im Garten scheint der Mond;
> Halb träumend wiegst du dich in meinen Armen.
> O gönne mir der Lippen feuchte Glut,
> Erschließ den Rosenkelch, den liebewarmen!

Und nun verstehen wir vielleicht auch etwas besser die magisch schimmernde Aura eines «Zaubers», der, wie Storm es behauptete, wohl für immer die windumbrauste «graue Stadt am Meer» wie eine «berauschende Atmosphäre» umlagern wird.

Unser Dasein ist nur ein belangloser Schatten, grauer als grau, wenn es nicht durch das «Sakrament der Liebe» belebt und verklärt wird, wie Storm, ein wahrer Priester der Liebe, es in einem anderen Gedicht einmal ausgedrückt hat.

Sturm über dem Bodensee

«Ältere Frau – junger Mann», ein sehr modernes Thema, ein sehr modernes Liebesverhältnis, aber schon damals, um 1840 herum, erlebt und bis zur Neige ausgekostet von keiner anderen als «Deutschlands größter Dichterin», wie man Annette von Droste-Hülshoff mit Recht noch heute nennt.

Als sie, vierundvierzigjährig, den siebzehn Jahre jüngeren Freund und «Sohn», Levin Schücking, nach einjährigem sorgfältigst-geheimem Planen auf die Meersburg hoch über dem Bodensee lockte, vollbrachte sie eine erotische Großtat, wahrscheinlich die einzige ihres Lebens, die noch heute Stürme auszulösen fähig ist, noch heute Wellen schlägt!

Wir wollen nicht soweit gehen zu behaupten, daß diese einzigartige Tat, mit der die Droste sich aus Eifersucht und unbewußt-tiefem Liebesfühlen gegen eine ganze Welt gesellschaftlicher Regeln und Bevormundungen auflehnte, für den modernen Menschen wichtiger sein könnte als ihre Dichtungen.

Aber wir möchten doch einmal mit dem Gedanken spielen, ob heutzutage ihre Epen, ihre einzige Novelle «Die Judenbuche» oder selbst ihr sublimstes Gedicht «Das Gemüt» mit eben der geistigen Neugier und Begierde gelesen werden, mit der wir uns ihrer einen großen Liebesleidenschaft – oder auch nur Liebes-

46

freundschaft? – zuwenden. Einer Leidenschaft, die mit solch fieberhafter (und doch auch wieder unterdrückter) Intensität gelebt und auch beschrieben wurde, daß sie wohl ihresgleichen sucht unter allen berühmten Liebesgeschichten der Welt.

Ist es nicht das größte vorstellbare Glück, wenn man eines Tages, vielleicht sogar schon am Ende allen Hoffens und Wünschens, *dem* Menschen begegnet, den man geistig-seelisch-physisch wie einen Zwilling empfindet, einen «Sternen-Zwilling», der einem so nah ist wie das eigene Blut, oder, was ein noch größerer Anreiz ist, zugleich nah und fremd wie niemand sonst?

Die Droste erlebte ihre «Sternstunde der Liebe» jedenfalls in diesem Bilde, dem Sternbild der kosmischen Zwillinge «Kastor und Pollux», wie es uns eines ihrer schönsten und bedeutungsvollsten Gedichte der Meersburger Zeit «An Levin Schücking» enthüllt. In der dritten Strophe ruft sie ihm zu:

Blick in mein Auge – ist es nicht das deine,
ist nicht mein Zürnen selber deinem gleich?
Du lächelst – und dein Lächeln ist das meine,
An gleicher Lust und gleichem Sinnen reich.

Als die beiden in den Zauberspiegel ihrer Zuneigung füreinander blickten, waren sie ein und dasselbe Wesen, Gleichgeborene, Dioskuren, «wo überm Helm die Zwillingsflamme glühte».

Alles andere mußte gegenüber dieser höchst phantastischen Vision der Einheit verblassen, ins Wesenlose versinken, auch gerade und vor allem die Tatsache, daß die beiden Freunde das Geschick auf «feindlich starre

Pole», auf der «Scheidung Spitze» erhöht habe, eigentlich schon von Geburt an.

Denn nicht nur waren da die Pole von jung und alt zu überwinden. Levin war außerdem ein Bürgerlicher, während Annette aus altem, aristokratischem Geschlecht stammte, von seinen Gesetzen zugleich geprägt und nur zu oft in erschreckendem Maße eingeengt und gehemmt.

Zudem war Levin Schücking ausgesprochen kosmopolitisch eingestellt, weltoffen und zukunftzugewandt, was man von Annette nur selten sagen konnte, die sich vielmehr in das Erlebnis ihrer Heimat Westfalen verschloß, sich nur langsam an den Bodensee und die Alpen gewöhnte und nur zu oft keine Zukunft mehr vor sich sehen wollte, da sie sich ständig, ihrer schlechten Gesundheit wegen, vom Tode bedroht fühlte.

Schließlich polarisierte die beiden, und dies vielleicht am schwerwiegendsten, Levins «heidnisch»- antike Sinnenhaftigkeit und vielleicht sogar auch Sinnlichkeit, auf deren Gegenpol streng-katholischer Religiosität, Gewissensbelastung und Verdrängung alles Sexuell-Sinnlichen Annette zeitlebens heimisch war.

Wie aus ihren Werken und Briefen zu entnehmen ist, wollte Annette, wenn sie liebte, nicht «Sinnenlust» – die sie als «wüstes Ringen» empfand –, sondern vielmehr «heilige Liebe», ein nur so von ihr gefordertes und gelebtes Gemisch aus christlichem Mitleid, platonischer Freundschaftsintensität und Treue, auf die sie vielleicht den allergrößen Wert legte.

Selten waren also zwei Liebende auf trennenderen Polen angesiedelt, als sie sich begegneten, als diese beiden, die dennoch von dem Gefühl größter Zusammengehörigkeit und Einheit erfüllt waren, wenigstens von der Zeit an, da sie sich gemeinsam auf der Meersburg am Bodensee befanden.

Es handelt sich dabei um nicht mehr als etwa sechs Monate, von Mitte Oktober 1841 bis zum April des nächsten Jahres, Spätherbst und Wintermonate also – es ist fast symbolisch –, Monate bitterster Kämpfe zwischen den beiden, aber auch höchster Seligkeiten und ungeahnter Verwandlungen.

Zehn Jahre zuvor war Levin Schücking, der damalige Gymnasiast, nichts anderes als ein Schützling von Annette gewesen. Sie hatte Levins Mutter Katharine, ihrer besten Jugendfreundin, bei deren frühzeitigem Tode versprochen, ihrem Sohn eine mütterliche Freundin sein zu wollen.

Und sie hatte Wort gehalten. Obwohl Levin, dessen Name übrigens, aus dem Altgermanischen herrührend, «lieber Freund» bedeutet, schließlich Rechtswissenschaft studierte, hatte Annette sein schriftstellerisches Talent wachgehalten und weiter zu entwickeln mitgeholfen.

Noch in ihrer alten Heimat im Münsterland hatten Annette und Levin oft Tage und Nächte damit verbracht, sich Geschichten zu erzählen und an gemeinsamen schriftstellerischen Werken zu arbeiten.

Aber schließlich verwandelte sich das «Mutter-Sohn»- oder mehr noch das «Mentor-Schüler»-Verhältnis in etwas anderes, Neues, zuerst wohl für Annette selbst höchst Überraschendes: Zuneigung, unwiderstehlich gemacht durch die eines Tages unmerklich hinzugekommene Beimischung von Eifersucht.

Um 1840 herum fand sich Annette unversehens in der

Lage, eine sich anbahnende Leidenschaft zwischen dem inzwischen zum jungen Mann herangereiften Levin und einer ihrer literarischen Freundinnen in Münster mit ansehen zu müssen – was ihr nur sehr schlecht und nur auf sehr kurze Zeit gelang!

Rasch reifte ihr Entschluß, den jungen Mann ihrer Rivalin zu entreißen und ganz für sich zu gewinnen, koste es, was es wolle.

Wie ein Blitz überfiel sie der Gedanke – oder vielmehr das Gefühl –, daß es eine Frage von Leben und Tod für sie sei, Levin für immer oder auch nur für ein Jahr oder gar nur ein halbes – in ihrer Nähe zu haben, ihn mit niemand anderem mehr teilen zu müssen. Es konnte da keinen Kompromiß mehr geben.

Aber wo in aller Welt konnten sie denn ungestört und vor allem fern von Münster für einige Zeit existieren?

Gewiß nicht im Rüschhaus in Westfalen unter den immer wachen Augen der Mutter, die schon seit Annettes Kindheit davon überzeugt war, daß sie diese vor ihren irrationalen Impulsen, denen sie gar nichts Gutes zutraute, bewahren müsse, um die Eigenwillige und nur zu oft Exzentrische den Normen der aristokratischen Gesellschaft anzupassen.

Also gewiß nicht mehr dort, in der Nähe der Mutter. So blieb als einziger Ausweg, einziger Zufluchtsort, einziger Lichtblick die Meersburg tief im Süden, den Alpenketten gegenüber, wie ein Adlernest hoch überm Bodensee aufgetürmt: Dorthin, zum Familiensitz ihrer Schwester, mußte sie Levin «entführen», um ihn ganz für sich haben zu können, was immer dann zwischen ihnen geschehen möge, natürlich nur Freundschaft, nur tiefste Freundschaft und ewige Treue!

Weiter konnte – oder wollte – Annette nicht denken oder fühlen. Dieses war kühn genug, den jungen Levin ihrer (und seiner) Freundin zu rauben und im Felsennest im Süden anzusiedeln, beinahe wie einen Gefangenen.

Aber was war Freiheit – noch dazu in provinziellen literarischen Zirkeln im Münsterland – gegen die Aussicht eines solchen Zusammenlebens der beiden unter dem Zeichen ihres gegenseitig zu höchster dichterischer Produktivität gesteigerten Genius?

Ja, sie würden zusammen dichten, zusammen denken, zusammen fühlen, Stürme entfesseln, Wunderwerke leidenschaftlicher Zusammenarbeit hervorbringen...

In all diesem Planen ihrer großangelegten «Entführung» des jungen Levin – er sollte ihres Schwagers weithin berühmte Bibliothek auf der Meersburg katalogisieren und auch dafür bezahlt werden – scheint es Annette nicht im geringsten aufgefallen zu sein, wie merkwürdig unweiblich sie da eigentlich dachte und handelte.

Glich sie nicht eher einer männlich-autoritären Figur wie etwa einst Zeus, als er sich daran machte, den Jüngling Ganymed zu sich auf den Olymp zu holen, als einer bewußt oder unbewußt von Liebe ergriffenen Frau?

Es mag nötig werden, an diesem Punkt unserer Geschichte Annettes generell stark entwickelte männliche Identifikation zu erwähnen, die von der Hauptliebe ihres Lebens, der Liebe zu ihrem Vater, herzurühren scheint.

In ihrer Jugend und auch späterhin liebte sie wohl niemand sonst mit solcher «Liebesraserei», wie sie es selbst einmal nennt, als ihn. Ihr Vater war ihr Ideal von Kindheit an gewesen, und so ist es nicht weiter verwunderlich, daß sie von früh auf wie er, wie ein Mann also, zu sein begehrte. Auch hatte sie noch zwei Brüder, die sie ebenfalls abgöttisch liebte, so sehr, daß sie in ihrer Jugend dachte, es wäre eine «Sünde», je einen jungen Mann außerhalb ihrer Familie zu lieben.

Die meisten ihrer schriftstellerischen Werke – zu viele, um sie hier im einzelnen aufzuführen – sind daher wohl aus der Perspektive des Mannes geschrieben oder haben männliche Helden. Und selbst die wenigen Frauengestalten, die hier und da in ihren Schriften auftauchen, tragen männliche Züge.

So spricht sie in einem Gedicht von «Mädchen, die wie Falken lauern» und in einem anderen von einem «liebenden Weib», das die «feinen Ranken» ihrer Liebe tief dem Geliebten «ins Herz bohrt» und mit ihnen seinen Leib «Adern gleich» durchdringt – ein fast aggressives Bild der Liebe vermittelnd! Hier schmachtet die Frau nicht passiv, ihren Liebsten erwartend, sondern geht aktiv und in der Art der Männer auf den Geliebten los, ihn sich rückhaltlos erobernd und durchdringend.

Auch als Annette dann endlich im Spätherbst 1841 als erste auf der Meersburg eintrifft – zwei Wochen, bevor ihr Levin dahin nachfolgte –, gibt sie sich noch ganz ihrer androgynen Lebensstimmung hin.

Auf hohem Balkone am Turm der Burg stehend, beschwört sie den Sturm, der dort braust, wie einen wilden Kameraden, mit dem sie auf Tod und Leben ringen möchte, zwei Schritte vom Abgrund entfernt.

Wahrscheinlich fühlte sie sich schon hier wie einer der Dioskuren, wie Kastor, den Mythen nach ein Sohn des

Zeus, der einst ein berühmter spartanischer Rossebändiger gewesen sein soll.

Sie sehnt sich nach dem «kräftigen Umschlingen» ihres Zwillingsbruders Pollux, einst ebenso berühmter spartanischer Faustkämpfer. Sie will ringen, sie will kämpfen, sie sehnt sich nach Gefahr, nach Heldentaten. Sie möchte ein Jäger, ein Soldat sein, alles, nur nicht das «artige Kind», das «Edelfräulein», das sie zumeist, noch in ihrem Alter, darzustellen gezwungen ist.

Höchstwahrscheinlich spielte auch wiederum eine etwas gewaltsame Verdrängung des Erotischen mit, wenn sie sich und ihren jungen Freund Levin als zwei junge «Männer» empfindet und darstellt, was doch sehr eigentümlich ist. Litt Annette damit nicht schon damals an der sehr modernen Krankheit der «Geschlechtsverwirrung», die in unserm vielleicht zu freidenkenden Jahrhundert ungezählte Menschen heimzusuchen scheint?

Wir wollen dem nicht weiter nachforschen, nur das Unglaubliche konstatieren, daß sie sich langsam, täglich etwas mehr, in ein weibliches Wesen zurückverwandelt, als nämlich eines Tages ihr geistig-psychisch heraufbeschworener, ihr «Sternenzwilling» Levin-Pollux wirklich und in leibhaftiger Gestalt auf der Meersburg erscheint. Nun wird sie in der Wirklichkeit vom Sturm eines Fühlens erschüttert, der sich ihr bislang nur in Träumen und Vorahnungen angedeutet hatte.

Aber es ist eine sehr langsame Entwicklung der Droste vom (männlichen) «Dioskur» zur liebenden Frau, alle Skalen des Fühlens durchlaufend von Mutterliebe über Mänaden-Leidenschaft bis hin zu endlich gewagter sinnlichster Verlockung ihres Freundes.

Das Gefühl der Sternstunde ihrer Liebe wird stärker,

wann immer die beiden Freunde ein paar Stunden finden, Hand in Hand am Bodensee dahinzugehen, in Gespräche versunken oder in gemeinsames Suchen von Schnecken, Muscheln, Fossilien am wellenumspülten Rande des Wassers.

In einem ihrer lebendigsten Gedichte dieser Zeit, «Die Schenke am See» genannt, ermahnt sie in überwältigter Hingabe den nun deutlich Geliebten, sie wie die überreifen Trauben des Spätherbstes, die vor ihnen in einer Schale auf dem Tische prangen, zu ergreifen und zu «verzehren». Immer wieder, mit immer größerer Nötigung, ruft sie ihren Freund dazu auf, ist sie hingerissen von ihrer eigenen Weiblichkeit und der Verlockung ihres Freundes:

> Frisch, greif in die kristallne Schale, frisch!
> Die saftigen Rubine glühn und locken...

Und wie es allen schon älteren Frauen, die einen jungen Mann als Freund haben, gehen mag, fühlt sie sich in einer Minute ihres Lebens unwiderstehlich verführerisch, glühend und jung, nur, um im nächsten Augenblick der Realität ihres Alters in um so erschreckenderer Weise gewahr zu werden, was Annette schon in den vorangehenden Zeilen des Gedichts so ausdrückt:

> O sieh, wie die verletzte Beere weint
> blutige Tränen um des Reifes Nähe.

Trotz ihres zu dionysischem Rausch gesteigerten Fühlens ist sich Annette im klaren, daß es für sie (und ihresgleichen) nur eine kurze «Sternstunde der Liebe» geben kann, nur diese wenigen Minuten ungekünstelten, unbeobachteten ekstatischen Beisammenseins, in der kleinen, entlegenen Schenke am See, wo sie niemand vermutet. Nur dieses – und danach der endlose Winter, der Winter des Alterns und des langsamen Dahinschwindens, alle Glut des Fühlens verrauchend in Asche...

Es schaudert sie, nur daran zu denken. Sie starb schon so viele Male, früher, als sie noch nicht liebte und alles erotisch-ekstatische Fühlen, wenn es sie einmal überfallen hatte, gewaltsam niederzwang, niederzwingen mußte, weil ihre Familie es so befahl. Aber Levin hatte ihr Auferstehung gebracht; ganz heimlich verglich sie ihren Erretter mit einer Christusfigur. Seit sie mit ihm zusammen war, fühlte sie sich nicht mehr wie eingesargt, wie eine Mumie. Er hatte ihr neues Leben, Gedichte die Fülle, Gedanken, Gespräche gebracht: ungeahnte Befreiung ihres Fühlens und ihrer Ausdrucksmöglichkeiten.

Endlich konnte sie die Katatonie und Frigidität ihrer Jugend abschütteln, endlich konnte sie einmal sein, wie sie wirklich sein wollte, frei, unbezähmbar, wild wie der Wind oder auch zärtlich wie das Licht des Mondes über dem nächtlichen See, endlich konnte sie unbehindert Mann sein oder Frau oder auch beides zugleich, alle gewohnten Grenzen der Geschlechter überspielend.

Levin akzeptierte sie mit seinem jugendlichen Enthusiasmus, wie sie war und wie sie sich gab: unvorstellbares Glück!

In ihrem autobiographischen Romanfragment «Ledwina» hatte sie einmal vor Jahren einer ihrer Freundinnen geklagt, daß ihr «ruheloses, törichtes Gemüt so viele scharfe Spitzen und dunkle Winkel» hätte, daß es wohl

nie einen Mann geben könnte, der da «so ganz hinein-
paßte».

Und nun hatte sie, ganz unerwartet, im jungen Levin,
der ihr Sohn hätte sein können, gerade einen solch
seltenen Menschen gefunden, der sie nicht nur zu verstehen schien wie niemand sonst und sie akzeptierte, wie sie
war, sondern sogar anfing, täglich etwas spürbarer, noch
mehr von ihr zu verlangen, als sie geben konnte.

Bei all der Verwirrung *seiner* Gefühle Annette gegenüber – war sie nun «Mutter», war sie Mentor, war sie
Freund, war sie eine Geliebte – muß es ihm plötzlich
klargeworden sein, daß er sein Leben im Spiel vergeuden
würde, wenn er sich nicht entschlösse, Annette nun
endlich seinerseits ganz für sich zu erobern.

Auf der Höhe, in der Sternstunde *seines* Fühlens,
wollte er mit Annette auf und davonfliegen. Er fühlte,
daß nur dann ihre Liebe absolut werden könnte.

War sie es. gewesen, die ihn vor Monaten auf die
Meersburg entführt hatte, so würde er sie nun seinerseits
entführen müssen, wollte er wirklich zum Manne werden; aber noch viel weiter fort, um sie endlich aus allen
ihren Bindungen an ihre Familie, ihr Westfalen, ihre
Religiosität und ihre Kunst zu lösen und sein eigen
werden zu lassen.

Er plante, Annette zum «Mittelpunkt der Welt» zu
machen, einer gänzlich neuen Welt sinnenhafter, gren-
zenloser Emanzipation. Ihr Leben selbst sollte durch
seine Liebe zum Kunstwerk werden. Erst dann würde
sich der Sinn ihres Lebens erfüllen.

Überkommen von jugendlich-erotischem Fühlen
phantasierte er nun davon – wie er es Jahre später in
einem Roman niederschrieb –, Annette ihrem «alten,

gotischen Bergneste», ihren «Pergamenten mit gemalten Initialen und Heiligenbildchen», ihren «Sammlungen von alten Steinen» und Fossilien zu entreißen, um sie ganz für sich und für sich allein zu gewinnen.

Wie Faust will er sie auf einem Mantel durch die Lüfte tragen, um sie «unter dem reinen, ionischen Himmel auf der Schwelle eines zerstörten Tempels» abzusetzen, damit dort «große Gedanken wie ein Sturzbach» über sie kämen und sich ihre «entfesselte Seele» endlich im «Morgenrot des freien Menschentums» baden könne.

Eine großartige Vision!

Wäre Annette dieser verführerischen Liebes-Fata Morgana gefolgt, was wäre dann wohl aus ihr geworden? Eine entfesselte «moderne» Frau, eine Liebesgöttin – oder auch nur eine Hausfrau an der Seite eines mittelmäßig begabten Schriftstellers und Journalisten, zu dem sich Levin schließlich und endlich entwickelte?

Fast möchten wir sagen, es war ihr Glück, daß sie diesen von Levin für sie entworfenen Freiheitsflug in eine Welt unbegrenzten geistig-physischen Sichauslebens – in südlich-freieren Regionen – nicht mehr mitvollziehen konnte: Nein, sie war weder eine George Sand noch eine Cosima Liszt-Wagner noch auch ein Goethe während und nach seiner Italienreise, die, wie man weiß, sein Leben grundlegend umwälzte, da sie ihm endlich, in vollstem Maße, die Welt des Eros erschloß.

Die Welt des Eros! Gerade diese Welt, einzig diese Welt, sollte man sagen, war nicht für Annette bestimmt, das fühlte sie täglich stärker, trotz ihrer anfänglichen tollkühnen Exkursion in diese Welt, als sie es wagte, Levin für sich zu gewinnen. Nun erkannte sie, daß sie wohl bis zur äußersten Grenze zärtlicher Zuneigung zu

57

ihrem Freunde vorstoßen konnte, vielleicht sogar einmal ihre Stirne an die seine legen und in sein Antlitz schauen konnte wie in einen «Zauberspiegel», aber daß sie darüber hinaus keinen weiteren Schritt je in größere physische Nähe oder gar Verschmelzung mit Levin tun könne. Unwiderruflich fühlte sie, daß sie eine Gefangene ihrer «alten» Welt, der Bindung an ihre Familie, an ihre Kindheit, ihre westfälische Heimat, ihre Religion bleiben müsse und bis zum Ende ihres Lebens bleiben würde.

Ihre Wahl ist eindeutig und unverrückbar: Liebesfreundschaft mit unverbrüchlicher Treue, aber keine Lebensentfesselung und schon gar keine Lebensbindung an Levin nach menschlich allzu menschlicher Art.

Die Verführerin will selbst nicht verführt-entführt werden. Sie ist, sie kann die «moderne» Frau nicht sein, die Levin sich in ihr erträumt hat.

Vielleicht auch ahnte sie intuitiv, daß gerade nur in ihrer seltsamen Gebundenheit an ihre Heimat, ihre Kindheit und ihren Glauben, an die Möglichkeit «heiliger» oder, wie sie es auch nennt, «verborgener» Liebe, ihr jene süßen und verhalten-ekstatischen Töne einer Dichtung zufließen, die niederzuschreiben in «brennender Liebe» und Entsagung zugleich ihr Schicksal sind.

Und so verhindert sie es nicht, als Levin im Frühling des nächsten Jahres die Meersburg fast fluchtartig wieder verläßt. Ein Freund Levins, der Dichter Freiligrath, hatte ihm eine Stellung als Erzieher bei den Söhnen des Fürsten Wrede in Franken verschafft, obwohl er seine Bibliotheksarbeit auf der Meersburg noch keineswegs beendet hatte.

Es sieht tatsächlich nach Flucht aus. Freiligrath behauptete später, er habe die beiden Freunde auf der Meersburg zu trennen versucht, weil sie «Idolatrie» miteinander getrieben und «keine Kritik mehr Eins fürs Andere» gehabt hätten. Auch hätte es ihn nicht wenig beängstigt, daß sich Levin so «urwohl» auf seinem «Schloß am Meer» gefühlt habe, daß er darüber alles andere vergessen habe wie zum Beispiel andere – und junge – heiratsfähige Frauen, mit denen er ganz realistisch «gemeinsame Wirtschaft» machen könne.

Was Levin auch tat, und zwar schon so bald, daß es wiederum wie eine Flucht aussieht. Die Flucht in eine Heirat, um sich vor einer großen Liebe zu retten? Um den magischen Blick, das ihn immer suchende Auge seiner älteren Freundin auszulöschen?

Wir wissen es nicht genau. Was wir aber wissen ist, welcher Schmerz tiefster Liebe dann doch Annette, schon nach wenigen Wochen der Einsamkeit auf der Meersburg, überfällt.

Erst seit ihr Freund nicht mehr in unmittelbarer Nähe um sie ist, bricht sich ihr Liebesgefühl für ihn wirklich freie Bahn, verschwendet sie es vorbehaltlos in ihren Briefen an den Fernen.

Nun bekennt sie ihm, daß sie «in einem fort» an ihn denkt und sich wünscht, daß sie ihn alle Tage «nur zwei Minuten seh'n» könnte, «o Gott, nur einen Augenblick!»

Die kurze Zeit ihres Zusammenseins auf der Meersburg in den vergangenen Wintermonaten erscheint ihr nun wie ein «Götterleben».

Auch wird sie sich jetzt erst voll bewußt, daß ihr Talent «steigt und stirbt» mit seiner Liebe: «Was ich werde, werde ich durch Dich und um Deinetwillen.»

Nun endlich spricht sie das Wort «Liebe» ihm gegenüber aus, deutlich und unüberhörbar. Von «Freundschaft» ist kaum mehr die Rede. Nun spricht sie aus, was vor allen verborgen bleiben sollte, auch und gerade vor ihr selbst.

Aber ihre Liebesrufe finden in ihrem Freund mit der Zeit ein immer schwächeres Echo, das endlich ganz versiegt.

Es bleibt Annette nichts anderes übrig, als diese Liebe, endlich aus allen Kämpfen und Verkrampfungen befreit, in ihre Gedichte auszuströmen; aber wir finden darin nun auch Klänge wie von Kristall gewordenen Tränen, und die Ekstase «verraucht» im Taumel von Wehmut und Erinnerung.

Eines ihrer schmerzlich-magischsten Gedichte, «Locke und Lied», läßt uns mit der Frage zurück: «Haben sie nicht im Kusse geruht?» Doch wie ein großes Bedauern schauert es uns aus den vorangegangenen Zeilen entgegen: «Hauptes Welle und Herzens Flut, sie zogen einander vorüber...»

Sollen wir daraus schließen, daß diese beiden Freunde ein großes, einmaliges Erleben, die unwiderbringliche Sternstunde ihrer Liebe nicht begriffen, nicht bis zum Letzten ausgeschöpft oder, noch schlimmer, sogar vergeudet hätten?

Das können wir sicherlich nicht. Wenn wir uns nicht gänzlich täuschen, erlebten sie die Götterminute ihrer Liebe in aller Tiefe und Aufrichtigkeit. Was ihnen nicht gelang war lediglich, diese ins Alltäglich-Weiterdauernde einmünden zu lassen.

Annette nannte sich einmal «zu stolz», um sich je auf Lebzeit von einem Mann fesseln zu lassen. Immer wieder verglich sie sich auch mit einer «Libelle», die niemand, auch der beste Freund und Liebhaber nicht, zum «Schmetterling zürnen» könne. Am meisten glaubte sie aber, ein «Adler» zu sein, der sich nicht wie eine «Henne» ein Nest hinterm Ofen bauen könne. Niemals.

Was sie aus der Sternstunde ihrer Liebe machte, war Wortmusik. Sie erlöste sich zum Vorspiel der Liebe in der «trunkenen Flut» hypnotischer Klänge und Bilder.

Hier, in einigen ihrer großartigsten Gedichte, die dieser gegenseitigen Erleuchtung entstammen, fand sie ihre höchste Erfüllung, nicht in der Liebe selbst.

Und auch Levin hat, trotz seiner übereilten Verheiratung mit einer anderen Schriftstellerin, zeitlebens seiner Begegnung mit Annette in Romanen und Erzählungen nachgehangen, um zu verstehen, was eigentlich mit ihnen und zwischen ihnen in jenen Stunden auf der Meersburg geschehen war.

Gewiß, er war nicht stark genug gewesen, Annette sich selbst und ihrer Welt zu entreißen und einer neuen Welt ungeahnter Möglichkeiten, zu zweit gelebt, entgegenzuführen.

Dennoch hat er sie in ihrer Tiefe zu erschüttern vermocht und ihrer Dichtung Worte eingeflößt, die sie ohne ihn und ihr gemeinsames «Götterleben» auf der Meersburg nie hätte finden können.

Durch ihn allein wurde sie aus einer zumeist realistischer Naturbeschreibung zugewandten Dichterin zu einer «Sappho des Nordens», wie man sie einiger kleiner brennend-erotischer Gedichte wegen nennen möchte, die sie wahrscheinlich wie gegen ihren Willen, alle bisherige Verdrängung des Erotischen rauschhaft durchbrechend, wie in einer Trance geschrieben haben muß.

Ein verhaltener Sturm weht durch diese Zeilen, der neue Feuer der Liebe erwecken wird, wo immer man ihm noch zu lauschen fähig ist.

Wer an den Bodensee reist, sollte das vielleicht einmal im Spätherbst tun, zu der Zeit, als auch Annette und Levin dort eintrafen. Die Burg steht immer noch, Annettes Turmstube wartet auf den Besucher, und ein Sturm könnte vielleicht wieder hörbar werden, der eigentlich nie wirklich verrauscht ist.

Am Fenster der Burg stehend und auf den See hinabblickend, könnten wir dann vielleicht noch einmal Annettes wach-träumende Worte vernehmen:

> Der See verschimmerte mit leisem Dehnen,
> zerflossne Perlen oder Wolkentränen?

Und:

> O glücklich sein, geliebt und glücklich sein –
> möge ein Engel mir die Pfade deuten!

Ein Wirbelwind in Sesenheim

*E*in gutaussehender, wohlhabender und erfolgverspre-
chender junger Mann, der gerade an der Straßburger
Universität studiert, um in beiden Rechten zu promovie-
ren, erlaubt sich, vielleicht zu seiner Entspannung, einen
Spaß, dessen Endresultat, ganz gegen seinen Willen, eine
Verliebtheit, eine Liebe ist, die Geschichte gemacht hat
bis auf den heutigen Tag.

Obwohl man es seinen strahlenden Augen nicht ansehen kann, hat er gerade zum zweiten oder gar dritten Mal
Schiffbruch mit einer Liebesaffäre erlitten, einen letzten,
wehmütigen Brief an seine Leipziger Freundin, die sich
gerade mit einem anderen Mann verheiratet, verfaßt und
sich geschworen, für eine Zeitlang nicht mehr lieben zu
wollen. Nach all seinen Niederlagen auf erotischem
Gebiet ist er nun der Auffassung, daß die Liebe einen
Mann «schwach mache» wie eine Krankheit, die sogar an
den Rand des Todes führen kann.

Aber nun, hier in Straßburg, fühlt er sich wie befreit
von seiner früheren Besessenheit mit seiner Leipziger
Freundin, die nun wahrscheinlich schon Frau Doktor
Kanne hieß, obwohl sie nur kurz zuvor noch sein
geliebtes «Käthchen» gewesen war. Und er erinnert sich
daran, daß er Leipzig damals überhaupt von Herzen
gehaßt hatte und froh ist, nun so weit wie möglich davon
entfernt zu sein, und atmet erleichtert auf.

«Welch' Glück ist's, ein leichtes, ein freies Herz zu haben», schreibt er in einem Brief an eine andere Freundin, was für ihn so viel bedeutet wie ein Seufzer der Erleichterung, einmal nicht fühlen, nicht lieben zu müssen und nicht von Eifersuchtsanfällen überwältigt zu werden. Er ist froh, einfach zu leben, das heißt, eine neue Welt des Wissens in sich aufzunehmen, Homer in Ruhe auf griechisch zu lesen, Urpoesie zu studieren, Männerfreundschaften zu schließen und weithin die Gegend zu durchstreifen, die Landschaft des Elsaß reitend oder zu Fuß, allein oder zusammen mit Studienkameraden zu erobern. Nichts als das!

Unser einundzwanzigjähriger Student hatte schon viel von der reizvollen Umgebung Straßburgs gesehen, als er sich eines Tages entschloß, zusammen mit einem Elsässer Freund nach dem damals französisch geschriebenen Örtchen «Sessenheim» aufzubrechen, wo man einen Landgeistlichen «mit seiner verständigen Frau und ein paar liebenswürdigen Töchtern» aufsuchen wollte, deren Gastfreiheit «höchlich gerühmt» war.

Daß unser Student nicht irgendein Student der Rechtswissenschaft war, sondern ein – später weltberühmter – Unruhegeist und Unruhestifter, der die Sturm-und-Drang-Bewegung in der deutschen Literatur anführen sollte, ja, daß es niemand anders als der junge Goethe in Person war, ersehen wir schon daraus, wie er diese kleine Vergnügungsreise zur Familie Brion in ein Wirbelwind-Theaterstück verwandelte, das fast schon faustische Züge aufweist, obwohl es – wie Goethe selbst bemerkt – mehr einer Inszenierung von Oliver Goldsmiths Roman «Der Pfarrer von Wakefield» gleicht, damals, um 1770 herum, begeistert gelesen.

Nicht jeder beliebige Jurastudent wäre auf die Idee verfallen, sich für den Besuch der noch unbekannten Pfarrfamilie erst einmal zu verkleiden, um dort ja recht «ärmlich» aussehend zu erscheinen und als ein «wunderlich zugestutzter» Student der Theologie von seinem Freund eingeführt zu werden.

Wohl nur der junge Goethe konnte es für nötig halten oder es als einen vorzüglichen Spaß empfinden, fast «entstellt» auf Reisen zu gehen, wobei sich sein Freund unterwegs des «Lachens nicht erwehren konnte».

Es ist lange und von vielen brillanten Geistern daran herumgerätselt worden, warum Goethe diese ihn recht eigentlich in schlechtes Licht setzende Maskierung vorgenommen hatte.

Natürlich wissen wir, daß er, zu dieser Zeit besonders, das Possenspiel, von Shakespeare angeregt, liebte, und daß das Hochdramatische und die Schauspielerei überhaupt ihm ein Lebensbedürfnis von Kindheit an waren. Aber erklärt das alles? Warum wählte er gerade eine so abschreckende und tiefstapelnde Verkleidung?

Wollte er damit vielleicht von Anfang an die in der Tat abschreckende Botschaft an die Pfarrfamilie aussenden, daß er keinerlei Heiratsmaterial für die Töchter des Hauses sei, daß sie ihm fernbleiben sollten, da er sich nicht einmal zu verlieben gedenke und das gleiche auch von ihnen erwarte?

Diese Idee wird dadurch nahegelegt, daß er gerade in Goldsmiths Roman, den er glühend liebte, gelesen hatte, daß sich junge, heiratsfähige Mädchen keineswegs für «ärmlich aussehende» Männer, ohne Geld und Status also, interessierten. Darauf baute er nun mit seiner absurden und lächerlichen Verkleidung, denn er wollte bewußt kein Interesse beim weiblichen Geschlecht erregen! Nicht sich wiederum fangen lassen, sich eine Ausflucht freihalten, sollte es zu gefühlvoll und damit für ihn gefährlich werden, das war seine gegenwärtige Maxime.

Goethe traf, mit anderen Worten oder psychologisch betrachtet, in äußerster seelischer Abwehrstellung in Sesenheim bei der Brion-Familie ein, vornehmlich, um es sich selbst – aber dann auch den Töchtern des Hauses – unmöglich zu machen, sich zu verlieben, was ihm, trotz seines generellen Glaubens an die «Allgegenwart der Liebe», jetzt eben nicht im Sinne lag.

Er war lediglich zu dieser gastfreien Familie gekommen, um sich ein wenig von der Vielzahl seiner Geistesarbeiten abzulenken und vielleicht etwas Theater – im Leben selbst, statt immer nur auf der Bühne – zu inszenieren und zu spielen.

Er hatte gerade als Selbsterkenntnis niedergeschrieben: «Mein jetziges Leben ist vollkommen wie eine Schlittenfahrt, prächtig und klingelnd, aber eben so wenig fürs Herz, als es für Augen und Ohren viel ist.» Und so sollte es auch bleiben, wenn es nach ihm gegangen wäre! Aber Goethe war nicht der einzige Regisseur dieser abenteuerlichen Reise und Begegnung mit den Brions. Das Schicksal selbst schien die Regie dieses höchst merkwürdigen Schauspiels in die Hand zu nehmen von dem Augenblick an, als die jüngere Tochter des Pfarrers, Friederike, ins Wohnzimmer des ländlichen Pfarrhauses trat und, wie mit einem Schlag, «jede schlafende Empfindung» in seinem Herzen wiedererweckte.

Goethe selbst hat, viele Jahre später, Friederikes Erscheinen, dieses Ereignis, das seine ganze Rollenspielerei und Maskerade augenblicklich zuschanden machte und seinem Leben – und Lieben – eine gänzlich neue Richtung gab, mit den folgenden Worten umschrieben: «In diesem Augenblick trat sie wirklich in die Türe; und da ging fürwahr an diesem ländlichen Himmel ein allerliebster Stern auf.»

Mit diesem ersten Erscheinen Friederikes begann die «Sternstunde der Liebe» dieser beiden Menschen, mochten sie sich dagegen wehren, soviel sie wollten. Es war offensichtlich Liebe auf den ersten Blick, wie Goethe es selbst begreift in dem ersten Brief, den er an Friederike schrieb: «Wenn ich mich anders nur ein klein wenig auf die Augen verstehe, so fand mein Aug, im ersten Blick, die Hoffnung zu dieser Freundschaft in Ihrem...»

Noch nennt er es «Freundschaft», noch wehrt er sich weiterhin gegen die Liebe, die doch schon sein ganzes Wesen erobert hat. Vom ersten Augenblick an, da er Friederike sah.

Was für ein machtvoll leuchtender Stern sie gewesen sein muß, deren «Lieblichkeit» es gelang, Mauern von künstlich aufgetürmtem Widerstand in Goethe sogleich niederzureißen, ohne dies je beabsichtigt zu haben. Ihr ganzes Wesen war unverfälschte Anmut und natürliche Unbekümmertheit. Goethe beschreibt noch später, fast atemlos, wie sie ihm entgegenkam: «Schlank und leicht, als wenn sie nichts an sich zu tragen hätte, schritt sie, und beinahe schien für die gewaltigen blonden Zöpfe des niedlichen Köpfchens der Hals zu zart. Aus heiteren blauen Augen blickte sie sehr deutlich umher, und das artige Stumpfnäschen forschte so frei in die Luft, als wenn es in der Welt keine Sorge geben könnte; der Strohhut hing ihr am Arm...»

Stets habe ein Zug heiterer Freude auf ihrem Gesicht

geruht, was ihn vielleicht am meisten beeindruckte, da er sich selbst zu dieser Zeit als ruhelos und umgetrieben empfand, wie eine «Wetterfahne» unentwegt Windstößen aus den verschiedensten Himmelsrichtungen ausgesetzt.

Und plötzlich fiel es ihm wie eine Last auf die Seele, daß er in seiner Verkleidung immer noch eine Rolle spielte und «so gute Menschen zum Besten» hatte, indem er seine wahre Identität hinter der lächerlichen Fassade des «armen Theologiestudenten», dem der Vater Brion schon vorgeschlagen hatte, er solle ihn einmal am Sonntag mit einer Predigt in der Kirche vertreten, verbarg.

Er beschließt auf der Stelle, seine Rolle nunmehr «mit Mäßigung zu spielen», bis ihm schon am Abend des ersten Tages ihres Beisammenseins ein Mondscheinspaziergang mit Friederike, die harmlos von ihrem Leben plaudert, selbst dies vergällt.

Sogleich nach dem ersten Abschied von ihr fühlt er ein unüberwindliches Verlangen, Friederike augenblicklich wiederzusehen. Schon hatte sie sein tiefstes Herz ergriffen.

Dennoch ist er unfähig, sein Inkognito aufzugeben. Er möchte es, aber er kann es nicht.

Und hier stoßen wir auf das nächste Rätsel dieser von Anfang an spannungsgeladenen Liebesbeziehung.

Zwar will er zurück nach Straßburg – er kann die ganze Nacht nicht schlafen – und eilt in «rasendem Unmut galoppierend» frühmorgens davon, um sich in den angehenden Juristen und mehr noch den werdenden Dichter, dem schon die großen Dramen des «Götz» und «Faust» im Sinne herumschwirren, zurückzuverwandeln, aber schon im nächsten Ort wird er auf höchst mysteriöse Weise wieder davon abgebracht. Statt seine Schauspielerei aufzugeben, verstrickt er sich nur noch tiefer in das phantastische Gewebe seiner Verstellungssucht: Der Eingebung eines Augenblicks folgend, nimmt er eine weitere Maskierung an, und zwar diesmal die eines den Pfarrtöchtern wohlbekannten jungen Bauern, den er durch Zufall im dortigen Wirtshaus antrifft. Kurzerhand zieht er dessen Kleidung an, frisiert auch sein Haar ganz nach der Art des anderen und kehrt sehr bald danach als «Georg» nach Sesenheim zurück, wo er als dieser «einfache Bursch» irgendeine Dienstleistung für die Brions verrichten will.

Diese neue Verstellung, mit der Goethe noch am selben Morgen ein Familienmitglied der Brions nach dem andern, fast möchte man sagen überfällt, hat nun etwas an sich, das weit über Scherz und Spiel hinausgeht.

Ein doppelt gebrochener Strahl, eine proteushafte Persönlichkeit, die, sich selbst ein Rätsel, sich auch äußerlich für andere immerfort zum Rätsel bilden muß, so begegnet Goethe seiner neuen Geliebten! Einem unentwegten Metamorphosezwang unterworfen, macht er es ihr wahrlich nicht leicht, ihn zu begreifen oder gar zu lieben.

Im Gegenteil. Er wirft ihr rückhaltlos die ganze Komplexität seiner Person von vornherein entgegen – und in diesem allein spielt er keine Rolle –, was wiederum einer unbewußten Warnung vor sich selbst gleichkommen soll: Erwähle mich nicht, fliehe vor mir so schnell du kannst, ich passe nicht in deine einfach-schöne Welt, ich kann dich und sie nur zerstören...

Und Friederike ist schockiert genug, als er endlich doch seine Maske fallen läßt und zu erkennen gibt, daß er nicht der Bauer Georg ist, den er für ein paar Stunden fast haargenau darzustellen fähig war, so daß niemand den Trug bemerkte.

Die plötzliche Erkenntnis jagt ihr einen großen Schrecken ein. Fast wäre sie ohnmächtig geworden. Und Goethe muß nun alle seine Kräfte und seine ganze Überredungsgabe aufbieten, um das Mädchen nicht sogleich wieder zu verlieren, kaum daß er sie gefunden hat.

In Worten, die an Leidenschaft grenzen, beschreibt er Friederike nun seinen Abscheu vor seiner gestrigen Theologenfigur und sein Fortstürmen aus dem Pfarrhaus und Sesenheim in den frühsten Morgenstunden so komisch, daß sie lachen muß, und dann «ließ er das übrige folgen», was ein Mann sagt, der eine Frau gewinnen will, leidenschaftlich genug, daß es «gar wohl für eine Liebeserklärung in historischer Form hätte gelten können».

Mit all seinen Verstellungen, mit denen er zum großen Teil die Pfarrleute «zum besten halten wollte», hatte er Friederike auch gleich eine Kostprobe von der «teuflischen» Seite seines Wesens gegeben, die er später als «mephistophelisch» bezeichnen wird.

Aber Friederike war ein junges Mädchen, das sich weder abschrecken noch verängstigen ließ. Sehr bald schon gewann sie ihre angeborene Heiterkeit zurück und legte vertrauensvoll ihre kleine Hand, auf die ihr Goethe einen ersten zaghaften Kuß gibt, in seine großen Hände – und bewundert ihn, wie schon so viele Männer oder Frauen vor ihr – und verliebt sich in ihn trotz alles bewußten oder unbewußten Warnens und Abschrekkens von seiner Seite.

Auch Goethe gerät nun, täglich etwas mehr, trotz all seiner Abwehrmaßnahmen gegen die Liebe, in den Sog eines Gefühls, das er schon bald als «angehende Leidenschaft, die mich zu verschlingen droht», zu erkennen geben muß.

Aber er ist immer noch nicht bereit, diese Leidenschaft vorbehaltlos in sein Wesen aufzunehmen. Noch als er schon Tage oder gar Wochen wieder in Straßburg seinen Studien nachgeht, kämpft er weiterhin gegen sie an.

Zuviel Neues stürmt von allen Seiten her zur selben Zeit auf ihn ein. Seine Lebenskräfte sind aufs höchste gefordert und angespannt. Neue dichterische Klänge bereiten sich in seiner Seele vor, vornehmlich nachdem er Herder kennengelernt hat, der seine früheren Dichtungen abkanzelt als gekünstelt und unempfunden und weit entfernt von «Urpoesie», die allein den wahren Dichter mache.

Mit alledem fühlt er sich wie im Zentrum eines Wirbelsturms. Auch fühlt er neue Kräfte in sich reifen, «Genie»-Kräfte, die sich ihm wie ein «Wirbel» aufdrängen.

«Und ebenso ist's mit der Liebe.»

Diese Liebe zu Friederike Brion war jedoch alles andere als ein einziger strahlender Strom von Glückseligkeit, jugendlich-frühlinghaft und unbekümmert, als die sie nur zu oft dargestellt worden ist.

Bis zum Ende dieser Beziehung, das schon nach neun Monaten kam, als Goethe Straßburg wieder verlassen mußte, stand Goethe zumeist in einem höchst ambivalenten Verhältnis zu ihr – und zu sich selbst –, immer wieder von mysteriösen Ängsten bedroht, Rückzügen preisgegeben, die schließlich zum Bruch und zu Goethes Flucht von Friederike und Sesenheim führten.

Das Wunder ist nun, daß trotz all dieser Schwierigkeiten, trotz all der Genie-Unrast und Wetterwendigkeit, die Goethe zu dieser Zeit bis zur Gefahr des «Überschnappens» heimsuchten, die Liebeslegende dennoch erwachsen konnte, die noch heute Friederikes Namen – und damit auch Sesenheim – mit dem Schein einer Aura umgibt, der durch nichts, selbst nicht durch unsere überaus realistisch-psychologische Abschätzung dieser Liebe, vermindert oder zerstört werden kann.

Denn bei aller «Verwirrung» und Bedrückung und Zersplitterung seiner Gefühle Friederike gegenüber gelang es Goethe doch, sich in ein oder zwei Gedichten, die diese Beziehung widerspiegeln, zu der strahlenden Höhe einer «Sternstunde der Liebe» aufzuschwingen und sie in nie zuvor gehörten Tönen zu besingen.

Ich denke dabei an das wohl allen bekannte Gedicht «Mailied», das wie in einem Zustand von Taumel und Verzückung geschrieben scheint, und weiterhin an das herrlich-atemlose «Willkommen und Abschied», das die ruhelose Ekstase stürmisch-jugendlicher Liebe wohl wie kein anderes deutsches Gedicht zum Ausdruck bringt.

Man wird von der – wenn auch nur so kurzen – Sternstunde dieser Liebe hören, so lange es Menschen gibt, die lieben und die Dichtung lesen, die von dieser Liebe für alle Zeiten ein Zeugnis ablegt.

Mit der Liebe zu Friederike wurde aber auch zugleich der Ort, in dem sie sich ereignete, unsterblich gemacht.

Wer hätte je vor Goethe und Friederike Brion irgendwo in der Welt von Sesenheim oder Sessenheim gehört?

Seit ihrer Begegnung aber wissen wir wahrscheinlich für immer von «einem solchen Plätzchen, das, obgleich es nicht bedeutend in der Landschaft hervortrat, doch mehr als alles andere mit einem lieblichen Zauber an sich zog», wie Goethe selbst später in «Dichtung und Wahrheit» von Sesenheim schrieb.

Es lohnt sich sicherlich, eine Wallfahrt zu dem kleinen Ort im Elsaß zu machen, damals eine sechsstündige Pferdereise von Straßburg entfernt, die Goethe vor 220 Jahren inspirierte und zu Liebesliedern hinriß, die durch die Jahrhunderte hindurch nichts von ihrem ursprünglichen Glanz und Mysterium verloren haben; trotz aller Ambivalenz, die seine Liebe zu Friederike immer wieder umwittert und in Frage gestellt hat.

Goethes Liebesgenie war es, einen undefinierten Raum zum «Ort» gemacht zu haben, wo immer er auf dieser Erde einer Geliebten begegnete. Denn erst durch die Liebe wird das Unpersönliche persönlich, erhält das Dumpf-Amorphe Glanz und Gestalt, gewinnen wir – Heimat.

In einer späten «Xenie» sagt Goethe dies sehr klar und eindrucksvoll mit den folgenden Worten:

Immer war mir das Feld und der Wald und der Fels und die Gärten nur ein Raum, und du machst sie, Geliebte, zum Ort.

Friederike Brion verdanken wir demnach Sesenheim als einen «Ort», einen Ort und eine Landschaft der Liebe.

Ihr verdanken wir auch, daß sich das «Reich der Liebe» über Deutschland hinaus nach Frankreich und damit Europa hin ausgeweitet hat und hoffentlich auch weiterhin, in der Zukunft, nach allen Himmelsrichtungen hin ausweiten wird.

Soviel wir wissen, haben Goethe und Friederike Brion in all den Monaten ihres Beisammenseins nur einen einzigen Kuß ausgetauscht, aber dieser genügte, um Goethe zu neuem Leben zu erwecken und ihn zu einigen seiner unsterblich gewordenen Liebesgedichte zu inspirieren.

In einem dieser Gedichte an Friederike nennt er sie die «schönste meiner Musen».

Er hat sie nicht geheiratet, wie sie vielleicht erhofft hatte. Er hat auch in wenigen Monaten schon an anderen Schauplätzen seines Lebens eine Reihe viel geistreicherer und daher interessanterer Frauen als Friederike, das ungekünstelt heitere Landmädchen, kennengelernt, aber keine von ihnen hat er in gleicher Weise verherrlicht.

In dem Roman, den sie zusammen durchlebten, blieben sie einander «auf ewig treu». Daran kann kein Zweifel bestehen.

Nur in der Wirklichkeit mußten sie sich schweren Herzens trennen, weil der Held unserer Geschichte noch zu sehr im Werden begriffen war, um sich in einer Liebe, wenn auch der schönsten und größten, vorzeitig begrenzen zu können.

Als er Friederike verließ, fühlte er sich «von hundert Welten trächtig».

Sein Leben stürmte neuen Horizonten – und auch neuen Lieben – entgegen. Aber Friederike blieb unauslöschlich seinem Geist eingeprägt, wie auch sie selbst den Rest ihrer Tage damit zubrachte, Goethe «zu erinnern».

Sie reichte keinem anderen Mann je die Hand zum Ehebund, obwohl viele sie umschwärmten, darunter auch Goethes bester Freund Lenz.

Sie lebte im Traum – und vielleicht auch Rausch – jener Gedichte weiter, die Goethe ihr im Überschwang seiner Jugend in den Schoß gelegt hatte, und sie bewahrte ihre Botschaft wie einen Zauber bis zu ihrem Lebensende.

Zufluchtsstätten der Liebe:
Darmstadt – Bad Homburg – Wetzlar

*E*s ist wiederum Goethes Lieben, das auch kleinere Städte im Herzen Deutschlands – wie Darmstadt, Homburg und Wetzlar – aus dem Alltäglichen ins Legendäre und Unvergeßliche erhoben hat, da Goethe in ihnen Liebe gab und Liebe fand, die noch heute Herz und Sinne mit ihrer leidenschaftlichen Intensität berühren kann.

Beginnen wir mit Darmstadt. Hierhin wanderte Goethe im Frühjahr 1772 mehrere Male zu Fuß von Frankfurt aus, um in einem der anregendsten Freundeskreise neuen Mut zum Leben und Lieben und Dichten zu schöpfen, nachdem er Straßburg – und damit Friederike Brion – schweren Herzens und fast niedergeschlagen von Schuldgefühlen ihr gegenüber verlassen hatte.

Hatte er ihr nicht zu Anfang seiner Leidenschaft für sie geschrieben: «Und das Band, das uns verbindet, sei kein schwaches Rosenband!»?

Hatte er ihr damit nicht weit mehr an dauerhafter Zuneigung versprochen, als er je zu halten fähig war?

Und hatte er nicht schon wenige Wochen nach seiner Rückkehr ins Elternhaus in Frankfurt dieses Band – fast gewaltsam – mit einem definitiven Abschiedsbrief an sie ein für allemal zerrissen?

Es war wie ein Zwang gewesen. Er hatte nicht anders

gekonnt. Nur im Geist sah er sich noch einmal zu Friederike zurückkehren. Nicht in Wirklichkeit.

Anderes forderte seine ungeteilte Zuwendung und Aufmerksamkeit. Eine neue Leidenschaft ergriff ihn, aber diesmal durchweg dichterischer Art. Angetrieben von seiner «Musen»-Schwester Cornelia schrieb er die Dramatisierung der Geschichte eines der «edelsten Deutschen», das Leben des «Götz von Berlichingen» in nur etwa sechs Wochen nieder, nicht ohne Friederike Brion dabei ein Denkmal in der Gestalt der «Maria» gesetzt zu haben.

Erst nach diesem vulkanartigen Ausbruch von Kreativität fühlte er sich wieder frei fürs gesellige Leben, was für ihn auch immer neue Freundschaften und – neues Lieben bedeutete. Und einen Strom neuer Gedichte in wiederum einem gänzlich neuen Stil, der neuen Liebessituation organisch entwachsen oder auch nur angepaßt.

Zunächst führt ihn eine Männerfreundschaft nach Darmstadt, aber sehr bald schon lernt er durch diesen Freund auch die Braut Herders kennen, Karoline Flachsland, die der Mittelpunkt eines Kreises der sogenannten «Empfindsamen» ist, das heißt junger Menschen, die, leidenschaftliche Verehrer der Klopstockschen Dichtung, sich einem ähnlichen Gefühlsdruck und Gefühlsüberschwang verschworen hatten.

In diesem Kreis macht Goethe auch bald die Bekanntschaft einer jungen Hofdame, Henriette von Roussillon, deren «empfindsamer» Name «Urania» ist.

Diese junge Adlige beeindruckt Goethe sogleich so tief, daß er in fast hymnischem Ton, der Sprechweise der «Empfindsamen» angepaßt, das Gedicht «Elysium» entwirft, das er ihr auch später durch Karoline, die

«Psyche» genannt wird, schriftlich fixiert übersenden läßt.

Aus diesem Gedicht erfahren wir, daß Goethe fühlte, was ihm durch «Urania» für Seligkeit entgegenkeimte, obwohl er noch immer in zärtlich jugendlichem Kummer seiner vergangenen Liebe nachhängt und ruhelos, vielleicht ihretwegen, zum «Wanderer» wird, der allein und zu Fuß die Gegend zwischen Homburg und Darmstadt durchstreift, tage- und sogar nächtelang, bei jeglichem Wind und Wetter.

Seine neuen Darmstädter Freunde versuchen alles, was in ihrer Macht steht und ihre Phantasie ihnen eingibt, um ihren neuen Freund, der sich nur allzugern der «Fremdling» nennt, von den Exzessen seiner Melancholie und Unrast abzubringen.

Unter anderem erzählen sie ihm auch von einer weiteren jungen Hofdame, die ebenfalls den «Empfindsamen» zugehört, jedoch in Homburg im Schloß der dortigen Landgrafen lebt. Alle lieben sie ganz besonders, da sie eine große Wärme ausstrahlt und sehr lebendig ist. Ihr Name ist Luise von Ziegler oder auch «Lila», wie sie von ihren Freunden genannt wird.

Schon Mitte April begibt sich Goethe daher nach Homburg, um «Lila» im dortigen Schloß kennenzulernen. Er findet sie in Begleitung ihrer Freundin «Urania», und nach den nun entstandenen, wiederum hymnisch-ekstatischen Gedichten Goethes zu urteilen, verleben die drei einige kurze, aber unwiderbringliche «Sternstunden der Liebe», erfüllt mit einer Magie, die ans Zauberische grenzt, im Schloßbereich von Homburg, eine Tatsache, die wohl nur den wenigsten bekannt ist.

Viel sinnenhaftere – oder gar sinnliche – Töne klingen

jetzt auf, wenn Goethe die Szenen, die er nun erlebt und die seine Sinne mit Begeisterung umfangen, für alle Zeit festzuhalten versucht.

Er berauscht sich daran, wie «Urania» den «liebenden Arm» um ihn schlingt, wie ihm «Lilas» Brust entgegenbebt, er sieht beide Frauen sich umfassen und «in heil'ger Wonne» schweben und steht daneben, «im Anschaun selig, ohne sterblichen Neid».

Er beschreibt, «wie durch heilige Täler wir Händ' in Hände wandelten, und des Fremdlings Treu sich euch versiegelte...»

Aus diesem Gedicht erfahren wir weiter, daß «Urania» ihm, dem «Liebenden, stille Sehnenden» die Wange reichte «zum himmlischen Kuß» und daß er, der «Schüchterne», beider Frauen Hände faßte, sie küßte, und daß «Lila» sich ihm näherte mit «himmlischer Lippe», was ihn so überwältigt haben muß, daß an dieser Stelle das Gedicht fast abrupt abbricht – in einem einzigen ekstatischen Ausruf: «Seligkeit! Seligkeit! Eines Kusses Gefühl!»

Nun ist es ihm, als ob ihn «allgegenwärtige Liebe» durchglühe. So muß es ihm auch wohl erscheinen, denn wohin er sich auch wendet, wo immer er Menschen, Männer oder Frauen, begegnet, strömt ihm Liebe entgegen, strömt er Liebe aus.

Besonders «Lila» scheint sein Herz entflammt zu haben. Ihr persönlich widmet er zum Abschied von Homburg ein weiteres Gedicht, «Pilgers Morgenlied», in dem er den Turm des Schlosses, in dem sie lebt und in dessen Schatten sie sich zuerst begegnet waren, verewigt.

«Tausend Bilder seliger Erinnerung» schweben ihm dabei «heilig warm ums Herz», als er des Turmes gedenkt, der zum «Zeugen meiner Wonne» wurde, da «Lila» ihm, «dem Fremdling zum erstenmal ängstlich liebevoll begegnetest und mit einemmal ew'ge Flammen in die Seel' ihm warfst!» Und er dankt ihr, daß sie ihm «gegossen ins früh welkende Herz doppeltes Leben, Freude, zu leben, und Mut!»

Ein paar Wochen später schreibt Karoline Flachsland an Herder über beide, Goethe und «Lila», die folgenden Worte: «Meine ‹Lila› ist ein Engel von Empfindung, wenn Goethe von Adel wäre, so wollte ich, daß er sie vom Hofe wegnähme. Goethe ist ein äußerst guter Mensch, und sie wären sich beide wert.»

Eine Zukunftsvision, die sich natürlich – wie so viele andere Liebesvisionen, die sich um Goethes Gestalt rankten – niemals verwirklicht hat.

Eine größere Leidenschaft, die Goethes Empfinden kurz darauf völlig in Beschlag nahm, sollte seine Zuneigung zu «Lila» nur zu bald wieder auslöschen, was jedoch sicher nichts von der einmal erfahrenen und erlebten Intensität seines Fühlens zu rauben vermochte.

Doch bevor Goethe – in Wetzlar – dieser nächsten Hauptleidenschaft seines Lebens begegnet, pilgert er noch einmal nach Darmstadt zurück, um zum letzten Mal mit seinen «empfindsamen» Freunden ein paar ekstatische Stunden zu verbringen.

Wie wir wiederum aus Karolinens Briefen wissen, wanderten die Freunde bei dieser Gelegenheit am 1. Mai 1772 zusammen zum nahegelegenen «Herrgottsberg», wo Goethe sich einen «großen prächtigen Felsen zugeeignet» hatte, den nur er allein erklimmen konnte.

An diesem Tag aber erstieg er ihn, um seinen Namen in den Felsen hineinzuhauen. Auf ihm sitzend, seine

Freunde am Fuße des Felsens, muß Goethe dann ein weiteres Gedicht entworfen (und wohl gleich vor sich hin gesprochen) haben, nämlich seinen «Felsweihe-Gesang», den er Karoline – «Psyche» – widmete zur unauslöschlichen Erinnerung an diesen letzten Tag ihrer «empfindsamen» Gemeinsamkeit, die sie auch, sicherlich nicht leichtfertig, die «Gemeinschaft der Heiligen» nannten.

Es ist dieser Fels in der Nähe von Darmstadt, der Goethe zu einem der schönsten Liebesrituale hinriß, von denen wir auf deutschem Boden wissen.

Bei seiner Besteigung des Felsens nimmt er Veilchen mit, um dessen Haupt damit zu bekränzen und ihn damit zum Felsen der Liebe zu weihen. Denn auf seiner Kuppe sitzend und hinabschauend sah er «der Freunde Seligkeit. Verbunden Edle mit ew'gem Band».

Erst auf ihm sitzend, fühlt der «irre Wandrer» Besitztumsfreuden und «Heimatglück». Und dann spricht er den Satz aus, der uns auch heute noch zutiefst bewegen kann: «Da, wo wir lieben, ist Vaterland…»

In der gefühlsüberströmenden Liebe seiner «empfindsamen» Freunde in Darmstadt hatte der junge Goethe am «Herrgottsberg» eine Heimat gefunden, die er zu dieser Zeit nur zu oft in seiner eigentlichen Heimatstadt Frankfurt vermißte.

Seine Darmstädter Freunde liebten und akzeptierten ihn wie er war, in seiner schwierigsten Jugend. Nur unter ihnen überwand er das Gefühl, in seiner Unrast vom Normal-Menschlichen ausgeschlossen und ein «Fremdling» und ruheloser «Wanderer» zu sein.

In der Liebe der drei einzigartigen Freundinnen «Psyche», «Urania» und «Lila» ruhte er sich aus, fand er

Heimat in Darmstadt und Homburg, bevor er nach Wetzlar aufbrach, um Rechtspraktikant zu werden und – der großen Liebe seiner Jugend zu begegnen, die alle früheren Lieben überschatten und verdrängen sollte.

Wetzlar! Charlotte Buff! Werther!
Wer hätte nicht schon von dieser weltweit berühmt gewordenen Geschichte gehört. Ihr Ruhm reicht neuerdings bis nach Japan, von wo aus jährlich große Scharen von «Pilgern» nach Wetzlar wallfahren, um das Haus zu betreten, in dem Goethe – «Werther» zum erstenmal seine geliebte «Lotte» sah, um deretwillen sich Werther schließlich das Leben nahm, während Goethe selbst diese «endlose» Liebe unversehrt überlebte.

Um auch nur etwas mehr von diesem Mysterium begreifen zu können, müssen wir so genau wie möglich die Ereignisse erforschen, die sich tatsächlich in Goethes Leben in Wetzlar in nur drei Monaten abspielten und die erst zwei Jahre später, auch das ist wichtig, in die Fiktion des «Werther»-Romans umgewandelt wurden.

Begann das Drama seiner Wetzlarer Tage ganz einfach und fast unbemerkt, als Goethe sich am Montag, dem 25. Mai 1772, auf die Kanzlei des Reichskammergerichts zu Wetzlar begibt und sich in die Matrikel der Rechtspraktikanten einträgt?

Oder begann es, als Goethe in den ersten Junitagen auf dem Rücken im Grase unter einem Baum im Wetzlar benachbarten Dörfchen Garbenheim liegend mit einigen Philosophenfreunden debattiert und ganz durch Zufall die Bekanntschaft des Bremischen Gesandtschaftssekretärs Johann Christian Kestners macht, der in vieler Hinsicht sein Spiegelbild war und noch dazu am gleichen

Tag wie er, nämlich am 28. August, nur acht Jahre früher, das Licht der Welt erblickte?

Schon jetzt können wir behaupten, daß diese unvermutete Bekanntschaft mit Kestner schicksalhaft ausschlaggebend für Goethes weitere Lebens- und Liebesentwicklung in Wetzlar wurde. Da Kestner und er gleiche Interessen und gleichen Geschmack in vielen Dingen ihrer Arbeits- und Mußestunden aufwiesen, schlossen sie rasch das «festeste Band der Freundschaft».

Trotz dieser Freundschaft hatte Kestner Goethe scheinbar nicht ein Wort über seine ihm schon seit vier Jahren heimlich verlobte Geliebte, Charlotte Buff, gesagt, die Goethe – wiederum durch reinen Zufall – erst am Dienstag, dem neunten Juni, nur seinem eigenen Instinkt folgend, auf einem Ball «auf dem Lande» entdeckte, ohne ihr dort von ihrem Verlobten vorgestellt worden zu sein.

Wie wir aus einem Brief Kestners wissen, kam dieser erst «ein paar Stunden später» zum Ball in Volpertshausen, zu einem Zeitpunkt also, da Goethe und Charlotte schon längst miteinander bekannt geworden waren und auch schon eifrig miteinander getanzt hatten, ohne daß Goethe geahnt hätte, daß diese junge Dame, die ihn von Anfang an entzückte, nicht mehr frei war.

Es scheint, daß er sie zuerst im Wagen sah, der sie dem Ball entgegengefahren hatte, und tief beeindruckt war von der «Blütenfarbe» einer Schleife des Tanzkleides, das sie an diesem Abend trug.

Von vornherein mußte Goethe, so scheint es uns heute, verehren und lieben, was auch sein bester Freund, Kestner, verehrte und liebte, der sein Spiegelbild in fast allem war. Wenn Kestner seine Verlobte noch am Tag des Balles mit den folgenden Worten charakterisierte, so hätten diese Worte durchaus auch aus Goethes eigener Feder fließen können, der Charlotte in ganz ähnlicher Weise sah und erlebte und später auch rühmte: «Sie ist noch jung, sie hat, wenn sie gleich keine ganz regelmäßige Schönheit ist..., eine sehr vorteilhafte, einnehmende Gesichtsbildung, ihr Blick ist wie ein heiterer Frühlingsmorgen, zumal den Tag, weil sie den Tanz liebte; sie war lustig; sie war in ganz ungekünsteltem Putz.»

Alles Charaktereigenschaften einer Frau, zu denen sich Goethe zeitlebens unmittelbar hingezogen fühlte. Selbst stürmisch-ruheloser Natur, suchte er in der Frau immer den Gegenpol heiterer Ausgewogenheit, harmonischer Natürlichkeit, Eigenschaften, die ihn allerdings noch mehr reizten und inspirierten, wenn sie noch dazu gewürzt waren mit einem schalkhaften Wesen, mit «Witz».

Goethe selbst war an diesem Abend des Kennenlernens von Charlotte Buff ausgelassen lustig. «Lottchen eroberte ihn ganz, um desto mehr, da sie sich keine Mühe darum gab, sondern sich nur dem Vergnügen überließ», hören wir weiterhin von ihrem Verlobten Kestner, der kühl und objektiv, fast wie ein Chirurg, dieses Sichkennenlernen – und Verlieben – Goethes und Charlottes analysiert und, fast möchte man sagen, etwas gefühllos seziert.

In sein Tagebuch notiert er dann noch am selben Abend friedlich und säuberlich alle Namen der anwesenden Tänzer – zwölf Männer und dreizehn Frauen –, darunter auch «Dr. Goethe» und «Jerusalem», der junge Mann also, der später das Vorbild für den tragischen

Helden des «Werther»-Romans wird. Auch notiert er noch auf französisch sehr lakonisch und distanzierend: *«Demoiselles 2 Buff teutonique»*, was soviel bedeuten sollte wie: «Auch meine Verlobte war dort auf dem Ball, zusammen mit ihrer Schwester Karoline.»

Der Zündstoff war gelegt. Aber das Feuerwerk dieser Liebe geht erst am folgenden Tag los, dem 10. Juni, als Goethe seine Tanzpartnerin in ihrem Elternhaus in Wetzlar aufsucht, um sich nach ihrem Befinden zu erkundigen.

Jetzt sieht und erlebt er, was er zeitlebens nicht mehr vergessen wird: den Inbegriff aller seiner tiefsten und heimlichsten Träume von weiblicher Vollkommenheit.

Charlotte, die reizende, lustig übermütige Tänzerin des Abends zuvor, nun die zärtlich sorgende «Mutter» einer Horde von Kindern, die allerdings ihre Geschwister sind, da ihre Mutter früh verstarb – das ist eine Traumvision liebenden Seins, die einer Halluzination gleichkommt.

Ist solch ein Mädchen überhaupt denkbar? Schwester und Mutterfigur in einem?

Tiefen der Erinnerung an seine eigene Kindheit und frühe Jugend, sein Umsorgtwerden von der zärtlichsten aller Mütter als auch einer ihm gänzlich ergebenen Schwester, muß Charlotte in Goethes Geist an diesem Tage ihres zweiten Begegnens wiedererweckt haben!

Heroisch hatte er sich schon als Sechzehnjähriger Mutter und Schwester entrissen, um sich selbst – als Mann – zu finden. Er hatte sich selbst aus dem Paradies seiner Kindheitslieben ausgestoßen und war dabei in viel Chaotisches geraten, ohne daß er seine Freiheit je hätte aufgeben wollen oder können. Aber hier... Hier hatten ihn Mutter und Schwester, vereinigt in einer Person, die er ohne Inzestgefahr lieben durfte, sozusagen wiedergefunden. Er fühlte, er hatte ein neues Eden betreten, hier, wo er es nicht im geringsten erwartet hatte, in Wetzlar, wo er eigentlich nur Rechtsanwalt sein wollte. Hier, in diesem einfachen Fachwerkhaus innerhalb des Deutschordenshofes, hatte sich eine neue Welt der Liebe eröffnet, in der er sich sogleich so heimisch fühlte, als fände er nur zu ihr zurück.

In diesem Eden wird er drei Monate bleiben, eine «Sternstunde» lang. Inzwischen hat er herausgefunden, daß Charlotte schon an Kestner vergeben ist, aber selbst diese Entdeckung vermag seine Liebe zu ihr – und auch zu Kestner – nicht zu beeinträchtigen. Fast täglich sehen sich die drei, wobei Goethe, wie er später gestand, von diesem jungen Paar so zutraulich und freundlich behandelt wurde, daß «er sich selbst nicht mehr kannte». Ihre Liebe – ohne Eifersucht – muß in der Tat etwas Unerhörtes und Einmaliges gewesen sein.

Alle drei gewöhnten sich täglich mehr aneinander, so daß sie sich bald unentbehrlich wurden. Goethe begleitete Charlotte fast täglich bei all ihren Arbeiten und Wegen, und es heißt, daß sie ihn gerne «zu ihrem Begleiter mochte». Goethe selbst konnte ihre Nähe bald nicht mehr missen, weil sie ihm all das vermittelte, was ihm fehlte, vornehmlich Genügen an der Gegenwart, liebendes Gegenwärtigsein, Verweilen im Augenblick, Akzeptierung selbst des Kleinsten und Alltäglichsten.

«Und so waren sie... auf dem Acker (oberhalb des Wöllbacher Brunnens) und den Wiesen (im Wöllbachtal), auf dem Krautland wie im Garten (Deutschordensgarten in der Walpurgisgasse mit der zerfallenen Walpurgis-Kapelle darin) bald unzertrennliche Gefährten... So lebten sie den herrlichen Sommer hin, eine echt deutsche Idylle, wozu das fruchtbare Land die Prosa, und eine reine Neigung die Poesie hergab», wie Goethe selbst es später beschrieb.

Dieser Sommer 1772 muß für Goethe – und sicherlich auch für Lotte – eine einzige Sternstunde der Liebe gewesen sein, denn fühlte nicht Goethe es selbst, wenn er sagte: «Und so nahm ein gemeiner Tag den anderen auf, und alle schienen Festtage zu sein; der ganze Kalender hätte müssen rot gedruckt werden.»

Am schönsten aber drückt Goethe das Gefühl der Sternstunde seiner Liebe in einem Brief an Kestner aus, ein Jahr später geschrieben, in dem er sich daran erinnert, wie er mit Lotte «Johannistrauben» pflücken ging und wie er sich da im geheimen wünschte, daß er diese höchst einfache und höchst alltägliche Verrichtung «heute, morgen, übermorgen und mein ganzes Leben» tun möchte, nämlich... an Lottes Seite!

Diese Worte sollten ein Anklang an die berühmten Zeilen in Rousseaus «Nouvelle Héloise» sein, wo es von dem «glücklich unglücklichen Freund» der neuen Héloise heißt: «Und zu den Füßen seiner Geliebten sitzend wird er Hanf brechen, und er wird wünschen Hanf zu brechen, heute, morgen und übermorgen, ja sein ganzes Leben.»

Eine Sternstunde lang hatte Goethe es vermocht, sich in einer Liebe «auf Dauer» heimisch zu fühlen, er, der glaubte, daß nichts ihn je binden oder auch nur zum Verweilen in einem schönen Augenblick verführen könne.

Charlotte war es gelungen, den Ruhelosen, «Wanderer», «Fremdling» mit ihrer Seins- und Liebesstärke zum «Verweilen» zu bringen, zum liebenden Verweilen im «Eden» von Wetzlar und seiner wunderschönen Umgebung.

Aber dieses Verweilen konnte – wie schon zuvor – nur ein kurzes Atemholen in Goethes Leben sein, trotz aller seiner Sehnsucht nach Dauer und «Ewigkeit» dieser Zuneigung und Liebe.

Schon Anfang September verläßt er die Wetzlarer Idylle, und damit Charlotte ebenso abrupt wie er nur Monate zuvor Sesenheim, und damit Friederike Brion, verlassen hatte.

Er schreibt einen kurzen, verwirrt und tragisch klingenden Abschiedsbrief an sie, erschießt sich aber keineswegs – wie später «Werther» –, sondern geht, fast möchte man sagen geistig erfrischt und geheilt, auf eine Fußwanderung, die Lahn entlang, bis er nach wenigen Tagen den Rhein erreicht, wo ihn im «Örtchen Tal genannt», im Hause der Sophie von la Roche, eine neue Leidenschaft zu deren ältester Tochter, Maximiliane, erregt – oder sollten wir sagen, noch tiefer ergreift als die, die er gerade hinter sich läßt?

Kestner und Charlotte Buff heirateten am 4. April 1773. Seelenruhig und keineswegs einem Selbstmord nahe, suchte Goethe ihnen ihre Eheringe in Frankfurt aus, was nur wenigen bekannt sein mag. Diese Hochzeit warf ihn also nicht um.

Erst als der «Engel» Maximiliane von la Roche sich in Frankfurt mit einem viel älteren und sicherlich ungeliebten Mann am 31. Januar 1774 verheiratet – nachdem auch seine über alles geliebte Schwester Cornelia sich am 1. November 1773 mit seinem besten Freund Schlosser verheiratet hatte –, bricht Goethe geistig zusammen und verzweifelt wenigstens «fiktiv» und kann sich nur erretten, indem er noch am 1. Februar 1774, also einen Tag nach Maximilianes Hochzeit, den «Werther»-Roman zu schreiben beginnt, in dem er in wenigen Worten die ganze Glut seines unglücklichen Liebens und seiner Leiden verströmt. «Werther» wird das Symbol dessen, der immer nur das Unerreichbare lieben kann und daran – und zugleich an seiner übergroßen Sensibilität – zugrunde geht.

Sollte Goethe sich selbst retten und nicht ein ebenso tragisches Ende nehmen – tatsächlich fühlte er sich zu dieser Zeit von mannigfachen Selbstmordgedanken bedroht –, so mußte er nun eine Liebe finden, die nicht «endlos» und verwehrt, sondern endlich und erreichbar war.

Diese Liebe, die sogar zu einer Verlobung führte, sollte er aber paradoxerweise erst dort finden, wo er von Kindheit an herkam, nämlich in seiner Heimatstadt Frankfurt am Main, in die er nach den unvergleichlichen und traumhaften Tagen einer Hoch-Zeit in Wetzlar für drei Jahre zurückkehrte, bis er danach nach Weimar aufbrach, um eine etwas dauerhaftere Existenz als bisher aufzubauen und die Zeiten seiner Jugendwirrnisse und «-taumel» fast gewaltsam hinter sich zu bringen.

Eine Hauptstadt der Liebe: Frankfurt

Wenn wir mit diesem Kapitel Frankfurt am Main zu einer deutschen Hauptstadt erklären, so scheint uns dies nicht nur liebesgeschichtlich, sondern historisch gesehen durchaus berechtigt. Diese alte deutsche Stadt der Königs- und Kaiserwahlen und seit 1562 sogar auch der Kaiserkrönungen, darf durchaus für sich in Anspruch nehmen, als eine der wichtigsten Städte Deutschlands bezeichnet zu werden.

Aber als eine Hauptstadt der Liebe? Wie reimt sich das mit dem Bild der Stadt als Zentrum internationalen Bankwesens und eines Handels zusammen, der heute ebenso oder sogar noch großartiger floriert wie vor etwa zweihundert Jahren? Wer denkt da an Liebe?

Das Erstaunliche ist, daß die «Sternstunden der Liebe», von denen wir hier sprechen wollen, eng mit der Welt des Geldes verbunden waren.

Wir denken dabei vor allem an Goethes Liebe zu Anna Elisabeth (Lili) Schönemann, die einem angesehenen Frankfurter Bankiershaus entstammte; an Friedrich Hölderlins Liebe zu Susette Gontard, einer Bankiersfrau, und an Goethes Zuneigung zu Marianne von Willemer, die ebenfalls die Frau eines reichen und führenden Frankfurter Bankiers zu Beginn des 19. Jahrhunderts war.

Ob es Zufall ist, daß sich diese Lieben auf mysteriöse

Weise mit der Welt des Geldes verschwistert haben, ohne jedoch von deren Weltlichkeit wesentlich beeinflußt oder begrenzt worden zu sein?

In dieser freien Reichsstadt des Handels und der Hochfinanz also wurde der Mythos des «weltschöpferischen Eros» geboren und am ausgeprägtesten in ganz Deutschland proklamiert. Vielleicht als Gegengewicht zum weltlich-vordergründigen Klima dieser Stadt, vielleicht auch aus bewußter Gegenstellung dazu, um ein «Reich der Liebe» heraufzubeschwören, das fähig wäre, ebenso gewaltig wie das Geld die Geister zu beleben und zu bewegen.

Dies jedenfalls war die Sehnsucht, die Hoffnung und das Ideal dieser drei berühmten Frankfurter Liebespaare des letzten Jahrhunderts.

Wie aber sah die Liebeswelt, in dieser Stadt gelebt, im einzelnen aus? Und wo spielte sie sich ab innerhalb der Mauern, der stattlichen Straßen und Villen dieser Stadt am Main und auch in ihrer Umgebung?

Beginnen wir wiederum mit dem jungen Goethe, der seit Ende 1772 – nach seiner Wetzlarer Zeit – in seine Geburtsstadt und sein Elternhaus am Hirschgraben zurückgekehrt war, um weiterhin Rechtsanwalt zu sein, Dramen zu schreiben und der Freundschaft und Liebe zu leben, die beide sein Leben am tiefsten erfüllen, ohne es jedoch wirklich ausfüllen zu können.

«Goethe ist ein Gott», sagen Freunde im Frühjahr 1775 über den nun Fünfundzwanzigjährigen, der nach der Veröffentlichung seines «Werther»-Romans auf einer Woge von Berühmtheit schwimmt.

Jeder will ihn sehen, sprechen, berühren. Er hält, wie schon in Darmstadt, «Genie-Audienzen», er beantwortet Verehrerbriefe, er ist *der* Gesprächsstoff des ganzen Landes.

Goethe ist «ein wilder, unbändiger, aber sehr guter Junge. Voll Geist, voll Flamme», schreibt ein anderer Freund über ihn zu dieser Zeit.

Und doch ist er nicht glücklich, nicht im geringsten ausgesöhnt mit der Welt. Vielleicht gerade wegen seiner «Flammennatur», die ihn in jedem Augenblick auch einer gewaltsamen Explosion entgegenführen könnte.

Sein seelischer Zustand wechselt mit jeder Minute, er wird fast konstant von einem Gefühlsextrem ins andere geschleudert – mal «himmelhochjauchzend», mal «zu Tode betrübt» – da er, wie er selbst es sieht, unentwegt vom Gefühl der Liebe bewegt wird, die als das «Bild des Unendlichen» in ihm «wühlt» und ihm mehr und mehr zur nie zu löschenden «Liebesqual» wird.

Wenn er von vielen als Gott empfunden wird, muß er da nicht im tiefsten seines Herzens nach einer Göttin Ausschau halten?

Ist es diese Sehnsucht, die ihn verzehrt? Tatsächlich schreibt er zu dieser Zeit einige «Künstlergedichte», in denen er wirklich die Göttin Venus verherrlicht. Venus Urania.

Aber wo auf Erden soll er dergleichen entdecken, eine in Realität und nicht mehr nur in seiner Phantasie lebende Göttin? Seine geliebte Maximiliane liegt im Kindbett, und er darf ihr Haus nicht mehr betreten. Eine junge Frau, die seine Eltern gern als Schwiegertochter in ihr Haus eingeführt hätten, gefällt ihm ganz und gar nicht. Eine Frau, die ihn begeistert mit anfangs anonymen Briefen umschwärmt, lebt in Dänemark und ist wiederum unerreichbar für ihn; dennoch beschwört er sie in seinen Antwortbriefen: «Verfolge mich, ich bitte dich, verfolge mich mit deinen Briefen dann, und rette mich von mir selbst.»

Ein andermal sagt er, er fühle sich wie ein Seiltänzer, und so ginge sein Leben dahin, «von einer Verwirrung zur andern...». Es steht wirklich nicht zu gut mit ihm in dieser Zeit, trotz seines frühen Ruhms.

Aber das Schicksal ist ihm wiederum freundlich gesonnen. Nicht allzulange braucht er mehr zu warten, und ein neues Mysterienspiel der Liebe hebt in seinem Leben an. Mitten im Winter und in einem Frankfurter Haus, geheimnisvollerweise «Haus zum Liebeneck» genannt.

Es ist dies der Sitz des Bankhauses Schönemann, zu dem ihn ein Freund Anfang Januar 1775 mitnimmt, ohne daß sich Goethe auf diese Einladung lange hätte vorbereiten können.

Doch weil Goethe gerade alles liebte, das sich spontan ereignete, folgte er seinem Freund noch sehr spät am Abend zu dem angesehenen Bankhaus am Kornmarkt zu einem «kleinen Konzert», das keine andere als die einzige Tochter, Anna Elisabeth Schönemann – einfacher «Lili» genannt – gab, die gerade sechzehn Jahre alt war.

Sie muß das lebendige Bild einer Göttin gewesen sein! Goethe trat in dem Moment in das geräumige Wohnzimmer des Hauses, als sich Lili am Flügel, der in der Mitte stand, niedersetzte und «mit bedeutender Fertigkeit und Anmut» zu spielen begann.

Wie hypnotisiert folgte er den Bewegungen ihres Körpers, die ungezwungen und leicht waren. Durch Zufall stand er am unteren Ende des Flügels, von wo aus er Lili in bevorzugter Weise beobachten konnte und dabei bemerkte, daß auch sie seiner gewahr wurde, besonders am Schluß des Konzertteils des Abends, als sie ihn aufmerksam betrachtete und er eine Anziehungskraft «von der sanftesten Art» zu spüren glaubte.

Obwohl sie sich an diesem Abend wegen des Hin- und Herwogens einer größeren Gesellschaft nicht weiter sprechen konnten, versetzte es Goethe doch in Entzükken, als die Mutter Lilis, die seit 1763 als Witwe das Bankhaus Schönemann leitete, ihm zu verstehen gab, daß sie hoffte, ihn bald in ihrem Haus wiederzusehen, wovon er nur zu bald Gebrauch machte.

Gleich von Mitte Januar an verbringt er die «angenehmsten Stunden» im Hause Schönemann, wobei man ihm schon so sehr vertraut, daß man ihn sogar mit Lili manchmal allein läßt.

Wie wir wiederum hauptsächlich Goethes Gedichten dieser Tage entnehmen können, brachte Lili ihm «neue Liebe, neues Leben», und er glaubte, in dieser neuen Liebe das Leben «wie zum ersten Mal» zu fühlen. Unwiderstehlich fühlt er sich aus der «öden Nacht» (seines Denkens und fortwährenden Stimmungswechsels) in die «Pracht» ihres Lebens und ihrer Lebenswelt gezogen; und diesmal ist es keine «ländliche Idylle» wie zuvor in Sesenheim und Wetzlar.

Diesmal ist es die prachtvolle Welt städtisch-mondänen Lebens, die ihn anfangs sehr fasziniert, ihn Abende lang an den Spieltisch führt, wo er mit Menschen von Lilis «Cirkel» umgehen muß, die er allerdings schon sehr bald als unerträglich empfindet und die ihm den Aufenthalt in ihrer Welt zur «Qual» machen.

Wieder einmal muß er einen Stimmungssturz erleben! Schon möchte er ihre Welt fliehen, aber zugleich wirkt

93

auf ihn ein «unbezwingliches Verlangen» ein, sich Lili immer wieder und weiterhin anzunähern, gegen das er machtlos scheint. Immer wieder, gerade wenn er entfliehen will, wird er von ein paar schönen Augen magisch zurückgebannt.

Er gibt dem Blick Lilis «voll Treu und Güte» unendliche Gewalt über sich. Er muß der «niedlichen Blondine» den Hof machen, ob er es will oder nicht. Von einem Ball zum anderen getrieben, im «Prachtglanz der Wandleuchter und Kronenleuchter» verliebt er sich tiefer und tiefer in seine jugendliche Göttin, die einer Welt entstammt, die nicht die seine ist.

Rückschauend auf diese Liebe zu Lili schrieb Goethe später wohl die schönsten Worte, die je zum Preis der Liebe – und ihrer Wirkung – geschrieben worden sind: «Die hellen wie die dunklen Stunden waren einander gleich; das Licht des Tages konnte das Licht der Liebe nicht überscheinen, und die Nacht wurde durch den Glanz der Neigung zum hellsten Tage.»

Die buchstäbliche «Sternstunde» dieser Liebe ereignete sich wohl Anfang Mai, als Goethe und Lili bis spät abends in der freien Gegend bei Offenbach umherspaziert waren. Nachdem er sich von ihr verabschiedet hatte, fühlte er sich in einem solch erhöhten, leidenschaftlichen Zustand, daß er, statt zu schlafen, nach Frankfurt zurücklaufen wollte, sich aber halben Weges auf eine Bank niedersetzte, um sich unter einem «blendenden Sternhimmel» im Geiste mit der Geliebten noch einmal zu vereinen.

Diese Vision erfüllte ihn so sehr, daß er sich entschloß, im Freien zu schlafen. Da, gegenüber von Sachsenhausen, blieb er, bis die Sonne am nächsten Morgen das

«Paradies» wieder beleuchtete, in dem seine Geliebte noch schlief, und langsam kehrte er, statt nach Frankfurt zu gehen, wieder zu ihr zurück. Ihm schien, die Sterne dieser Nacht hätten seine Liebe zu Lili in besonderer Weise gesegnet.

Daher läßt er es auch – wie willenlos – geschehen, daß eine ältere Freundin, Demoiselle Delph, es erreicht, die Zustimmung beider Eltern zu einem Verlöbnis der beiden Liebenden zu erhalten.

«‹Gebt euch die Hände!› rief sie [Demoiselle Delph], mit ihrem pathetisch gebieterischen Wesen. Ich stand gegen Lili über und reichte meine Hand dar; sie legte die ihre, zwar nicht zaudernd, aber doch langsam, hinein. Nach einem tiefen Atemholen fielen wir einander lebhaft in die Arme.»

So beschrieb Goethe selbst dieses große und einmalige Ereignis seines Lebens – einmal erfahren zu haben, wie es einem Bräutigam zumute ist – viele Jahre später, als es noch immer sein Herz mit gleicher Intensität erfüllte wie in seiner Jugend.

Und nur seiner Schwester Cornelia konnte es gelingen, Goethe wieder zur Entlobung zu bringen, da sie ihm die Trennung von Lili buchstäblich befohlen hatte. Sie brachte viele Gründe vor, warum sich ihr Bruder von Lili trennen müsse. Nur den einen nannte sie nicht, den Hauptgrund: ihre Eifersucht, ihre Besessenheit, ihre eigene tiefe und tief-tragische Liebe für ihren Bruder!

Und warum folgte Goethe ihrem «Befehl»?

Es ist heute, vornehmlich von psychoanalytischer Seite her, fast bewiesen, daß Goethes größte Liebe, von frühster Kindheit an, wahrscheinlich die zu seiner Schwester war.

In all seinem Liebesuchen – und auch die Liebe zu Lili machte hierin keine Ausnahme – suchte er schließlich doch immer nur die einst in seiner Kindheit und Jugendzeit besessene, dann verlorene Schwesterliebe, und weil Cornelia Goethe eine der «unsinnlichsten» Frauen war, blieben Goethes Lieben alle, bis auf die letzte zu seiner späteren Frau, sexuell unerfüllt. Er konnte einfach nicht im normalen Sinne heiraten, weil er auf einer tief unbewußten Gefühlsebene einzig seiner Schwester angehörte. Was seine Liebeserwartung und dann Liebesqual mit jeder neuen Liebe unerhört werden ließ, aber seine Kreativität – in einzigartiger Sublimierung – zu höchsten Leistungen, zu gänzlich vergeistigter Leidenschaft angetrieben hat, jedenfalls hier in seiner Heimatstadt Frankfurt, aber auch späterhin, bis zu seiner Reise nach Italien.

Auch für Friedrich Hölderlin wurde einige Jahre später, als Goethe längst schon in Weimar weilte, Frankfurt zum Schicksalsort seines größten Liebeserlebens.

Als er sich an einem der letzten Dezembertage des Jahres 1795 im Hause des Bankiers Jakob Friedrich Gontard vorstellte, wo er als Hofmeister arbeiten sollte, ahnte er sicherlich noch nicht, daß sich in diesem so weltlichen Wohnpalast am Großen Hirschgraben die «Sternstunde» auch seiner Liebe ereignen würde, von der er immer schon geträumt und gedichtet hatte.

Wo hätte er aber auch das altgriechische Ideal all seiner Träume, das er «Diotima» nannte, in einer «modernen» Welt, in einer «modernen» Frau finden sollen?

Schon lange weilte sein Geist am liebsten in Griechenland, weil er fühlte, daß damals dort der Mensch noch in

Harmonie mit dem Kosmos lebte und daher selbst harmonisch und innerlich und auch äußerlich schön war in geistig-physisch untrennbarer Einheit. Er selbst fühlte sich wie ein «wiedergeborener Grieche» in einer Zivilisation, die der altgriechischen – ganzheitlich denkend und fühlend – diametral entgegengesetzt war. Er fühlte sich wie verloren in der modernen Welt seiner Zeit, die ganz andere Wege suchte und ging als er, der sich daher als Außenseiter und Einzelgänger erkennen mußte.

Was er vor allem in Deutschland zu Ende des 18. Jahrhunderts vermißte, war eine Anschauung der Liebe als einer solchen ganzheitlichen Kraft, die beides in sich vereinte, das Sinnlichste wie das Geistigste.

Hatte nicht zum Beispiel Schiller gerade die Liebe wie ein Atom gespalten in «Sinnenglück» auf der einen und «Seelenfrieden» auf der anderen Seite, zwischen denen man schweren Herzens die «bange Wahl» treffen mußte?

Hölderlins ganzes Wesen revoltierte gegen eine solche Sicht, die damit auch den Geist vom Körper schied und die Welt von den Göttern.

Überall, aber vor allem im Bereich des Eros, fühlte er sich von der Zertrümmerung eines einheitlichen Weltbildes bedroht. Dies hatte ihn fast zur Verzweiflung getrieben. Nur zwei Monate vor seiner Ankunft in Frankfurt hatte er an Schiller geschrieben: «Ich friere und starre in den Winter, der mich umgibt. So eisern mein Himmel ist, so steinern bin ich.»

Trotz dieser Verzweiflung und Erstarrung hatte er an Vorformen seines «Hyperion»-Romans geschrieben und sich darin ein Bild der Liebesvollendung, wie er sie erträumte, gemalt, vielleicht nur, um sich überhaupt am Leben zu erhalten.

Er hatte dieses Liebesideal «Diotima» genannt, in Anlehnung an jene Frau in Platons «Gastmahl», die ein besonderes Wissen vom Wesen der Liebe besaß. Mit den folgenden Worten hatte er sich ihr Bild heraufbeschworen: «Da stand sie vor mir, die Herrliche, wie eine Priesterin der Liebe, heilig und hold... Das Ideal meines Daseins, ich hab' es damals geahndet, als sie vor mir stand in ihrer Grazie und Hoheit...»

Diese Worte hatte er in dem Fragment «Hyperions Jugend» niedergeschrieben, und nun – unerwartet und unvermutet stand er im Hause des Bankiers Gontard der leibhaftigen Wirklichkeit seines höchsten Traums in der Gestalt der Hausherrin, Susette Gontard, gegenüber.

Es war beinahe unfaßlich, er glaubte, sich in einem Wachtraum zu bewegen, als er der realen «Diotima» begegnete, der sechsundzwanzigjährigen Mutter von vier Kindern, von denen er den neunjährigen Sohn Henry unterrichten sollte.

Natürlich willigte er ein und bezog schon wenige Tage nach seinem Antrittsbesuch zwei Mansardenzimmer im Hause der Gontards, wie es ihm als Hauslehrer zukam, um für die nächsten drei Jahre in der Nähe und an der Seite jener Frau zu wirken, die nicht nur innerlich seinem Ideal einer Priesterin der Liebe entsprach, sondern auch äußerlich mit ihren ebenmäßig gebildeten Zügen, den dunklen seelenvollen Augen, dem blendendweißen Teint und dem in der Mitte gescheitelten Haar einer «Griechin» ähnlich sah.

Nun fühlt er, daß er diese Susette Gontard – seine «Diotima» – schon liebte und sie im Innersten gekannt hatte, bevor er sie in der Realität des Bankierhaushalts endlich ausfindig machte. Beide fühlen sich schon sehr bald als «unergründlich sich verwandt», und so konnte es nicht anders geschehen, als daß sie sich täglich tiefer aneinander anschlossen und mehr und mehr ihr innerstes Wesen einander offenbarten.

Und was ist dieses «innerste Wesen» der Hausherrin, seiner Gebieterin? «Schöne Gegenwart rinnt mir in alle Sinne hinein», ruft Hyperion stellvertretend für Hölderlin aus im Preisgesang seiner neugefundenen Diotima, die durch ihr Leben und Lieben lehrt, das konkrete Dasein in all seiner Schönheitsfülle zu akzeptieren, anstatt es zu atomisieren, wie es die geistigen Zeitgenossen Hölderlins, denen diese ganzheitliche Erosvision abging, getan hatten.

Auch Susette Gontard selbst fühlte sich zum ersten Mal in ihrem Leben in ihrem tiefsten Seelenkern erkannt und von Hölderlin gewürdigt und verehrt, wie es ihr von ihrem eigenen Mann, der durch und durch nur Geschäftsmann war, nie zuteil geworden war.

Sie erblühte unter der Liebe, Anregung und Verehrung Hölderlins täglich mehr, sicherlich auch zum Wohl ihres Mannes, ihrer Kinder und der großen Gesellschaft von Gästen, die sie fast allwöchentlich in ihrem Hause zu bewirten hatte.

Schließlich wurde sogar ein Krieg zum Helfer des Eros, was fast ans Wunderbare grenzt. Da Frankfurt in die Gefahr geriet, durch den französischen Revolutionskrieg Kriegsgebiet zu werden, sandte Herr Gontard seine Familie – zusammen mit dem Hauslehrer – auf Reisen, um den Unruhen und Gefahren innerhalb der Stadt zu entgehen. Er selbst blieb in Frankfurt zurück.

Damit schenkte das Schicksal den beiden Liebenden, Hölderlin und Susette Gontard, ein paar Wochen unge-

störten Glücks in der herrlichen Landschaft am Teuto-
burger Wald, wo sich wohl im wahrsten Sinne des
Wortes die «Sternstunde ihrer Liebe» ereignet und erfüllt haben muß.

Jedenfalls schreibt Hölderlin selbst von der «Woge des
Glücks», die ihn nun ergriff und in diesen Wochen eines
völlig freien und uneingeschränkten geistig-seelischen
Austauschs mit seiner Geliebten ihren Höhepunkt er-
reichte.

«Einen Schwindel ergriff ihn süß», heißt es in frag-
mentarischen Versen Hölderlins dieser Zeit. Aber es war
nicht nur ein dionysischer Taumel, was er nun verspürte.
Vielmehr begründeten beide Liebenden in diesen Wochen in und mit ihrer Liebe jenes «Reich der Liebe»,
dessen Apostel und Propheten sie von nun an sein
würden, selbst noch – oder besonders – nach ihrer
Rückkehr nach Frankfurt, wo dieses geheime Liebes-
reich nach und nach den größten Erschütterungen ausgesetzt wurde.

Denn es bedurfte nur einer Verleumdung der Haushälterin der Gontards, um den Hausherrn endlich aus
seiner Gelassenheit aufzuscheuchen und Hölderlin mit
den lapidaren, schneidend kalten Worten: «Sitzt denn
der Mensch beständig bei meiner Frau?» aus seinem
überlebensgroßen Traum zu reißen und in die harte
Wirklichkeit zurückzuversetzen, was ihm nur allzugut
gelang.

Tief bestürzt und beleidigt verließ Hölderlin noch am
selben Abend das Gontardsche Haus, um es nie wieder
zu betreten. Nur dann und wann noch tauschte er
heimliche Botschaften mit «Diotima» aus, wo immer sie
sich gerade befand.

Er wußte, daß es unmöglich war, je mit seiner «Diotima» zusammenleben zu können. Als avantgardistischer Dichter war er dazu zu mittellos. Er wollte sie nicht ins Elend stürzen. Nur ein Gedanke tröstete die Liebenden, daß mit ihrer Zuneigung das «Reich der Liebe» seinen Anfang genommen hatte und weiterhin wachsen würde, da der Grund dieser Liebe die «göttliche Liebe» selbst war, die unerschöpflich ist. Mit ihrer Liebe hatten sie dazu beigetragen, eine «beseeltere, vollentblühende Welt» zu schaffen, und ihr einziger Wunsch, der weit über ihr kleines, individuelles Sein hinausreichte, war nur, daß das «Reich der Liebe» wachsen möchte und daß die «Sprache der Liebenden... die Sprache des Landes» sei oder immer mehr sein werde.

In einem ihrer Briefe an Hölderlin drückt Susette Gontard dieses Hoffen, ja Wissen mit den folgenden Worten aus, die sie in der Tat als die «Diotima» der Lebenswelt Hölderlins ausweisen: «Es bleibt uns nichts übrig, als der seligste Glaube aneinander und an das allmächtige Wesen der Liebe, das uns ewig unsichtbar leiten und immer mehr und mehr verbinden wird.»

Und in diesem freudigen Bewußtsein blieben sie verbunden bis zu «Diotimas» frühzeitigem Tod.

Wer einmal an einem schönen Nachmittag von Frankfurt aus zum Restaurant Gerbermühle am Deutschherrnufer 105 hinausfährt, ahnt vielleicht nicht, daß auch dieser Ort einmal – um 1815 herum – ein Schauplatz war, an dem Wellen höchster Leidenschaft aufrauschten und sich eine der lyrischsten «Sternstunden der Liebe» auf deutschem Boden ereignet hat.

Diese Gerbermühle, oberhalb Frankfurts am rechten Mainufer gelegen, war zu Anfang des 18. Jahrhunderts ein romantischer Landsitz, den der Frankfurter Bankier Johann Jakob von Willemer 1781 auf Lebenszeit gepachtet hatte, vornehmlich um ihn seiner zahlreichen Familie als Sommerhaus zur Verfügung zu stellen.

Hier nun quartierte sich Goethe, der Einladung des Hausherrn folgend, Anfang August 1815 für mehrere Wochen ein, um Finanzielles mit seinem Freund zu besprechen, ein Refugium etwas entfernt von Frankfurt zu finden und – um in der Nähe der jungen Ehefrau, Marianne, zu sein, die er schon kurz im Jahr zuvor kennen- und wohl auch lieben gelernt hatte.

Es war keineswegs, wie so oft zuvor in Goethes Leben, eine «Liebe auf den ersten Blick» gewesen, als der fünfundsechzigjährige Dichter der dreißigjährigen «kleinen Freundin» seines Freundes und Verehrers von Willemer zum ersten Mal begegnet war. Sie hatte ihn lediglich an die Jugend seiner in Weimar zurückgelassenen Frau Christiane erinnert – mit ihren dunklen Locken, den braunen Augen und dem zierlichen Wuchs ihres Körpers.

Er hätte sie gewiß bald wieder vergessen, hätte von Willemer Goethe nicht vorgeschlagen, das Feuerwerk zum Jahrestag der Völkerschlacht bei Leipzig in von Willemers Gartenhaus auf dem Mühlberg – das heute noch existiert und Besuchern offensteht – zu feiern, da man nämlich von dort aus den besten Blick über ganz Frankfurt hin haben würde.

Goethe hatte eingewilligt und wurde Zeuge eines unvergleichlichen visuellen Schauspiels, als über hundert Freudenfeuer die Stadt und den Himmel erleuchteten.

Es war ein einzigartiger Abend gewesen, dieser 14. Oktober 1814.

In der allgemeinen Hochstimmung aller Gäste hatte sich aber auch noch ein viel intimeres Feuerwerk, fast blitzartig, zwischen zwei Augenpaaren entzündet: Goethes und Marianne von Willemers. Und dieser «feurige Jugendblick» Mariannes war es gewesen, der, in unbewußten Tiefen weiterwirkend, Goethe ein Jahr später wieder zu den Willemers und damit auch zur Gerbermühle zurückgeführt hatte.

Nun wohnte er dort schon fast einen Monat lang in einer äußerst harmonischen Gemeinschaft mit den von Willemers zusammen. Am Morgen widmete er sich seinen Arbeiten – er schrieb gerade am «West-Östlichen Divan» –, den Nachmittag und den Abend verbrachte er mit seinen Freunden, mehr und mehr des Wunders gewärtig, wie sich Marianne, die, in frühster Jugend zur Schauspielerin bestimmt, nun durch das Zusammenspiel ihrer beiderseitigen schöpferischen Kräfte zur Künstlerin auf mehreren Gebieten entfaltete.

Nicht nur sang sie ihm mit Vorliebe Kompositionen seiner eigenen Gedichte vor, sie spielte auch meisterhaft Gitarre und – entdeckte ihre eigenen dichterischen Fähigkeiten, die dem Goethestil dieser Zeit so hervorragend und intuitiv angepaßt waren, daß man ihre Gedichte bald nicht mehr von den seinigen unterscheiden konnte.

Als er die «kleine Freundin» mit dem «Schalk im Blick» zuerst kennenlernte, hatte er nicht geahnt, daß unter allen seinen Freundinnen und Geliebten gerade sie die ihm am meisten ebenbürtige sein würde.

In Goethes Nähe «sprühte und sprudelte sie von

Einfällen» und verwandelte sich aus einem zuvor nur wenig beachteten Entchen in einen glänzenden Schwan, weite Flügel schwingend...

Was ihrem eigenen Mann nicht gelungen war, nämlich ihre schöpferischen Kräfte zu vollster Entwicklung und Blüte zu bringen, gelang dem alternden Dichter, der sich zu dieser Zeit mit seinem großen persischen Kollegen, Hafis, identifizierte und durch fast magisch erscheinende Kommunikation Marianne dabei zur geliebten «Suleika» seiner tiefsten dichterischen Träume werden ließ.

Wie sehr sie diesem Traum-Wunschbild Goethes entsprach, bezeugen in überwältigender Weise die Gedichte, die sie als «Suleika» schrieb, sich völlig seiner Phantasiewelt hingebend.

Goethe achtete diese Gedichte so hoch, daß er sie später seinen eigenen «Divan»-Gedichten zugesellte und auch als seine eigenen veröffentlichte, obwohl man an dem größeren Gefühlston erkennen muß, daß sie in Wirklichkeit von einer tief liebenden Frau und keiner bloßen Phantasiegestalt geschrieben worden waren.

Am 12. September besuchte Goethe dann Frankfurt ganz allein, speiste mittags im «Schwan» und schrieb abends, nach einem «Komödienschrecknis», das er über sich ergehen lassen hatte, an seine Frau in Weimar: «Gegenwärtig bin ich in der Stadt allein, in von Willemers Wohnung, deren unschätzbare Aussicht Du kennst. Von Morgens bis Abends ists unter meinen Fenstern lebendig; tags laufe ich in der Stadt herum, Menschen und Sammlungen zu sehen. Frankfurt steckt voller Merkwürdigkeiten.»

Danach teilte er ihr seine baldige Rückkehr mit, wobei er sogar schon die Rückreiseroute festlegte: von Heidelberg über Würzburg nach Weimar.

Vielleicht gerade weil Goethe im Geist schon jetzt von Frankfurt, der Gerbermühle und den von Willemers Abschied nahm, konnte, noch am selben Abend, ein Gedicht aus seiner Seele kommen, das einem Liebesgeständnis an Marianne gleichkam und das auch in der Empfängerin dieses Geständnisses das «glimmende Feuer zur lodernden Flamme» anfachte.

Obwohl Goethe in diesem Gedicht, das er Marianne sogleich gegeben haben muß, sehr klar zum Ausdruck bringt, daß er als Alternder nur noch einen «Rest von Liebe» an seine neue Freundin zu vergeben hat, die er seines «Lebens Vollgewinn» nennt, löst dieses Liebesgeständnis dennoch eine Woge von Gefühl in Marianne aus, und sie antwortet ihrem geliebten «Hatem» mit jenem berühmten Gedicht, dessen Anfangszeilen fast wie ein Jubel klingen: «Hochbeglückt in Deiner Liebe...»

Als sie diese Anfangszeile schrieb und im weiteren Verlauf des Gedichts ihr «reiches Leben» und ihre «Ruh» dem Geliebten freudig und auf immer dahinzugeben bereit ist, muß eine «Sternstunde der Liebe» auch ihr Wesen ganz durchglüht und verwandelt haben, da sie von nun an ganz und ungeteilt nur noch die «Suleika» sein will, die ihrem «Hatem» völlig zu eigen ist.

Später wählen beide als ihr Liebessymbol die persischen Insignien von Sonne und Mond: «Du nennst mich, Liebchen, deine Sonne. Komm, süßer Mond, umklammre mich!» heißt es in einem der «Hatem»-Gedichte des Buches «Suleika».

Aber im wohl berühmtesten Gedicht des ganzen Buches, «Wiederfinden», preist Goethe sie dann doch, viel schöner noch, als «Stern der Sterne», und damit ist auch für ihn die «Sternstunde» seiner Liebe für alle Zeiten besiegelt.

Er ist sich bewußt, daß er mit dieser Liebe seines Alters, diesem «Liebeswahnsinn», dem Ausbruch eines Vulkans gleich, «der Liebe hochverklärtes All» heraufbeschworen hat und er weiß, daß dieses «All» bestehen bleiben wird, solange der Welten-Kosmos als Ganzes und Unumstürzliches besteht. Er verläßt Marianne, wie er so viele seiner Geliebten vor ihr verlassen hatte, nicht ohne sich jedoch ihr und ihrer «Mühle» am Main mit den folgenden konkret-allgegenwärtigen Versen angelobt zu haben:

> Mich vermählst du deinem Flusse,
> Der Terrasse, diesem Hain,
> Hier soll bis zum letzten Kusse
> Dir mein Geist gewidmet sein.

Ob diese zauberischen Worte noch widerhallen in diesem – durch eine große Liebe magisch gewordenen – Bereich der «Gerbermühle», wenn wir heute dort im Restaurant sitzen und uns an Vergangenes und doch Nie-Vergehendes zu erinnern suchen?

Die Glut dieser Liebe wird bleiben, selbst wenn alle Worte, die sie zu verherrlichen suchten, verweht sind.

«Leben ist Feuerprozeß», hat der Romantiker Novalis gesagt. Goethes Leben und Lieben war ein einziger Feuerprozeß. Und wenn wir es recht betrachten, liebte Goethe zeitlebens, bis noch ins hohe Alter, die Liebe selbst als einen Bewußtseinszustand, der, einem Rausch gleich, die Menschen über sich selbst hinaushebt und sie, wenigstens für die Dauer einiger glückerfüllter Stunden, göttergleich macht.

«Einmal lebt ich wie Götter», hatte auch Hölderlin gesagt, «und mehr darfs nicht.» In solcher Liebe ist unser menschliches Dasein gerechtfertigt; eine nicht endende Hoch-Zeit: «Feuerprozeß».

Goethes Jugend- und Altersliebe, aber auch Hölderlins einzigartige Liebe haben Frankfurt am Main die Aura gegeben, die es in der Tat zu einer Hauptstadt der Liebe machte.

Die «Rausch-Zeit» von Worpswede

«Worpswede, Worpswede, Worpswede! Versunkene-Glocke-Stimmung! Birken, Birken, Kiefern und alte Weiden. Schönes braunes Moor, köstliches Braun! Die Kanäle mit den schwarzen Spiegelungen, asphaltschwarz. Die Hamme mit ihren dunkeln Segeln. Es ist ein Wunderland, ein Götterland.»

Als die Malerin Paula Becker im Sommer 1897, kaum einundzwanzigjährig, diese begeisterten Ausrufe über die «Urlandschaft» Worpswede in ihr Tagebuch eintrug, ahnte sie noch nicht, daß ihr dieses «Götterland» sehr bald schon auch zum «Ort der Liebe», ja zum Schicksalsort schlechthin werden sollte, und zwar in mehrfacher Hinsicht.

Zuerst einmal verliebte sie sich in Worpswede selbst, nicht, weil es zu der Zeit schon zu einer Art «Kunstmekka Norddeutschlands» geworden war, sondern vielmehr, weil die Moorlandschaft nordöstlich von Bremen, ihrer Heimatstadt, sie unwiderstehlich in ihren Bann gezogen hatte.

Zwar hatten andere Künstler diese einzigartig herbe und melancholische Landschaft schon lange vor ihr entdeckt und mit ihren Gemälden verherrlicht – man denke dabei nur an Fritz Mackensen, der Worpswede einer Studentenliebe wegen 1884 als erster betreten hatte, oder Otto Modersohn, Hans am Ende, Heinrich

Vogeler und Fritz Overbeck, die mit ihren Gemälden die Welt auf Worpswede aufmerksam gemacht hatten –, aber wohl keiner von ihnen hatte ein so enges, emotionales Band mit diesem Ort geknüpft wie Paula Becker, die von allem Anfang an «Sternstunden der Liebe» in und mit der Natur dort erfuhr und feierte.

Zu Anfang ihres Aufenthaltes in Worpswede scheint es daher, als ob sie keines anderen Menschen dort bedürfe, um in Jubel und Entzückung über sich selbst hinausgehoben zu werden. Sie empfindet die Natur, wie sie sich ihr im Moordorf offenbart, als eine Urgewalt, die ihr ganzes Fühlen fast bis zur Überwältigung erfüllt. Ihre Tagebuchaufzeichnungen dieser Zeit sind eine Liebeserklärung an Worpswede nach der anderen. Täglich neu verströmt sich ihr Gefühl im Preis dieses Ortes, dieser Landschaft des Nordens: «Worpswede, Worpswede, Du liegst mir immer im Sinn. Das war Stimmung bis in die kleinste Fingerspitze...»

Am 19. 1. 1899 zeichnet sie, selbst vom Worpsweder Winter wie berauscht, auf: «Draußen hält jetzt die Natur einen großen feinen Tanz. Es ist ein Windesbrausen, ein Regenpeitschen und Hagelschauern, eine Allgewalt und Urgewalt, daß der Mensch sich winzig klein fühlt, und dann lacht, kampfbereit seine Kräfte zu messen an jenem unnennbaren Naturgeist...»

Jeder Tag, in dieser Landschaft verlebt, erscheint ihr wie ein «Göttertag». Sie fühlt sich «großen Auges in das Weltall» lauschen und empfängt wie eine Liebende die Umarmung dieser einzigartigen und gewaltigen Natur: «Mein ganzes Wesen ist wie durchsonnt, durchweht, berauscht, trunken...»

Die gebürtige Dresdnerin liebt diese nördliche Landschaft wirklich wie kein anderer in der Schar der Künstler, die Worpswede fast wie ein «kosmisches Ereignis» für sich entdeckt und in Anspruch genommen hatten.

Viel langsamer öffnet sie sich dagegen der mitmenschlichen Dimension dieses Ortes, wird sie der übrigen dort anwesenden und malenden Künstler gewahr.

Zuerst fällt ihr Fritz Mackensen und sein Kunstschaffen auf, aber «das Große, Unbefangene, das unabhängig Stürmende, das Stück Prometheus...» sei ihm verlorengegangen, schreibt sie etwas enttäuscht in ihr Tagebuch. Ganz offensichtlich mißt sie den Maler an der «Urkraft» der Natur, die sie in Worpswede umgibt, und im Vergleich mit ihr wird er als zu leicht befunden.

Auch Heinrich Vogeler, der schon 1894 – ebenfalls von Bremen her, von einem Torfkahn nach einstündiger Segelfahrt an der Hammehütte «Neuhelgoland» abgesetzt – die Worpsweder Künstlergemeinschaft mitbegründet hatte, beeindruckt sie anfangs nicht zu sehr. Sie empfindet ihn nur als einen «reizenden Kerl, einen Glückspilz», der in einer Welt für sich lebt und mit seinen «großen Augen Musik träumt».

Nur ein einziger Worpsweder Maler beeindruckt sie von Anfang an tief, obwohl sie ihn erst einmal kurz gesehen hatte, und das ist Otto Modersohn. Zwar erinnert sie sich ein paar Tage nach der ersten Begegnung nur vage an «etwas Langes in braunem Anzuge mit rötlichem Bart», aber schon jetzt verfolgt sie etwas Weiches, Sympathisches in den Augen Modersohns, und die Landschaften, die er malt, faszinieren sie ihrer tiefen Stimmung wegen: «Heiße, brütende Herbstsonne, oder geheimnisvoll süßer Abend.»

Und sie beendet die geheime Tagebuchbetrachtung dieses Künstlers mit den schicksalsträchtigen Worten: «Ich möchte ihn kennenlernen, diesen Modersohn.»

Er ist der erste und einzige Mensch in Worpswede, zu dem sie sich in gleicher Intensität wie zur Natur hingezogen fühlt.

Noch kann sie jedoch die männliche «Idealkünstlergestalt» nur in der Natur selbst sehen und erleben, nämlich in den «mächtigen großartigen Kiefern» der Moorlandschaft um Worpswede. Von diesen Kiefern schreibt sie: «Meine Männer nenne ich sie, breit, knorrig und wuchtig und groß, und doch mit feinen, feinen Fühlfäden und Nerven drin.»

Bald schon beginnt sie indes, dieses «Idealbild», der Natur entnommen, auf Otto Modersohn zu übertragen, der damit täglich mehr zu ihrem «Idealkünstler» wird. Schon vom Äußeren her ist er die lebende Verkörperung ihrer Naturvision. So erstaunt es nicht, daß sich die Anziehungskraft zwischen diesen beiden Menschen und Künstlern mit jedem Jahr steigerte, obwohl sich Paula eigentlich keinerlei Hoffnung auf eine Lebensgemeinschaft mit dem Maler machen konnte, da er schon seit einigen Jahren mit einer Frau, die er sehr liebte und verehrte, verheiratet war.

Manche Liebesbeziehungen sind jedoch von so elementarer Art, Naturgewalten vergleichbar, daß selbst größte Hindernisse auf dem Wege zu ihrer Erfüllung dahinschmelzen müssen.

Solcher Art war die Beziehung dieser beiden Künstler: So unmöglich sie anfangs erscheinen mochte, mußte sie dennoch am Ende in Erfüllung gehen. Als hätte es so von Anbeginn in den Sternen gestanden.

Und so empfinden es auch beide, schuldig-schuldlos, wie Paula es ist, die am 14. Juni 1900 in Paris, wo beide zu der Zeit vorübergehend weilen, ein Telegramm, an Otto Modersohn gerichtet, an sich nimmt und öffnet. Es enthält die Nachricht, daß Otto Modersohns Frau Helene an den Folgen ihrer schweren Erkrankung in Worpswede gestorben ist. Seit Jahren hatte sie an einem Lungenleiden gelitten, das zu jener Zeit noch unheilbar war.

Worpswede hatte Paula Becker und Otto Modersohn zusammengeführt. Als Künstler hatten sie sich dort gegenseitig bewundern gelernt, wobei hervorzuheben ist, daß Otto Paula schon als Malerin anerkannte und ermutigte, als sie noch allgemein – nach einer «verfehlten» Ausstellung einiger ihrer Landschaftsstudien und Aktzeichnungen in der Bremer Kunsthalle – von der Kritik «verrissen» wurde.

In Worpswede hatten sie ihre Beziehung, zuerst als Künstler, dann als Freunde und Liebende, angeknüpft. In Paris erfüllte sie sich. In Otto Modersohns Tagebuch dieser Zeit heißt es schlicht und lapidar: «In Paris gehörten wir stillschweigend zusammen.»

Stillschweigend. Wie das Unabänderliche einer Naturgewalt. Die dabei nicht die hinreißende Leidenschaft eines Sturmes an sich hatte, sondern vielmehr der stillen, aber unaufhaltsamen Abfolge von Jahreszeiten glich. Auf den einstigen Liebesfrühling voller Wagemut, Tatendrang und «fortreißender Liebe», den Otto Modersohn mit Helene in einem kurzen, nur zwei Jahre anhaltenden Rausch erlebt hatte, folgte nun der Sommer, der Paula hieß, und dessen Glücksintensität beide gleichermaßen stark und unwiderruflich durchdrang.

Nach Worpswede zurückgekehrt, verloben sich die Liebenden am 12. September 1900, drei Monate nach dem Tod Helene Modersohns, vorerst noch heimlich. Paula hat ihre einst in der Natur erträumte oder visionär erschaute «Idealkünstlergestalt» zugleich als liebenden Mann vom Schicksal zugeführt bekommen. «Bei seiner Einfachheit und Tiefe wird mir fromm zumut», schreibt sie in einem Brief dieser Tage. «Ich bin ein solch komplizierter Mensch, so ewig zitternd, da tut solch eine ruhige Hand so viel Gutes.» Auch rühmt sie immer wieder seine «große, tiefe Intensität des Gefühls», die sie wohl am meisten zu ihm hinzieht.

Beider Verbindung miteinander erscheint daher fast wie ein Glücksfall der Natur: zwei Menschen, zwei Künstler gegensätzlicher Natur, die sich dabei aber fast perfekt zu ergänzen und gegenseitig zu unterstützen und zu bereichern bereit sind.

Paulas Lebens- und Liebestraum scheint aufs herrlichste erfüllt. «Ich trage das Glück in meinem Herzen», beendet sie einen ihrer Briefe dieser Zeit.

Dieses Glück muß aber auch ihre äußere Gestalt wie mit einer Aura der Liebe umgeben haben. Fast stolz notiert Otto in seinem Tagebuch, daß Paulas «Anmut in Kleidung, Haltung, Bewegung, Redeweise» einen wahren Zauber um sie verbreite, in dem er offensichtlich schwelgt.

Doch diese Liebesausstrahlung Paulas ist so stark und äußert sich – trotz aller versuchten Geheimhaltung ihrer Verlobung – so direkt, daß sie auch andere Menschen in ihren Bann zieht, ohne daß sie dies sonderlich beabsichtigt hätte.

Einer von diesen, der sich gerade – durch Zufall oder

Schicksalsfügung – während ihrer Verlobungstage in ihrer Nähe befindet, täglich tiefer von ihr beeindruckt, ist kein anderer als der fünfundzwanzigjährige Rainer Maria Rilke, der sich gerade, von seiner zweiten Rußlandreise zurückgekehrt, im «verschlungenen Paradies» von Heinrich Vogelers Barkenhoff, dem derzeitigen Mittelpunkt der Worpsweder Künstlerelite, als Hausgast aufhält.

In diesem längst berühmten, noch heute existierenden «Weißen Haus», dem Barkenhoff, wo der ästhetische Traum von einer heilen Welt Dauer erhalten und in immer erneuerter Festlichkeit zelebriert werden sollte, lernte Rilke die «blonde Malerin», wie er Paula (trotz ihres in Wirklichkeit kastanienbraunen Haares) nannte, schon gleich während seiner ersten Worpsweder Tage kennen, vornehmlich an Sonntagabenden, im kerzenerleuchteten weißen Musiksaal des Barkenhoffs, wo sich die verschiedenartigsten Künstler zu schöpferisch gestalteten Festen trafen.

Zu Anfang beschäftigt sich Rilkes dichterische Phantasie jedoch mehr noch mit der Braut Heinrich Vogelers, seines Freundes aus Florentiner Tagen. Rilke hatte bis dahin gar nicht gewußt, daß Vogeler im «Frühjahr oder Herbst» heiraten wolle – ein Mädchen aus Worpswede, das zwar zur Zeit noch in einem anderen Ort lebe, das er aber immer schon gemalt habe: Alle seine Bilder existierten nur zu ihrem Lobpreis...

Schon ist es Rilke, als ginge diese von ihm nur erst von ferne erfühlte Braut abends manchmal in den Räumen des Barkenhoffs umher, Einlaß begehrend, da es ihr scheint, daß alle Gegenstände im Haus, besonders aber die Spiegel, um ihr «sanftes Bild» gebeten hätten.

Es ist, als wäre diese noch ferne «blonde Braut» seines Freundes ein erster Liebesakkord in Worpswede, der merkwürdig still und doch auch schon berauschend das Giebelhaus durchzieht. Liebesschwingungen durchtönen die Atmosphäre des Barkenhoffs gleichsam von Anfang an. Und der Klang wird täglich volltönender und das Bewußtsein des Dichters verwandelnder. Trotz aller «Traurigkeit» des nahenden Worpsweder Herbstes, der Rilke als «unheimlich» berührt, bis es ihm eines Tages gelingt, dessen Geheimnis zu entschlüsseln, das darin besteht, daß er entgegen aller Erwartung die Landschaft nicht in fahlem Grau ertränkt, sondern alle Farben in der Natur «brennend» macht, selbst wenn «nirgends mehr strahlendes Licht ist».

Die Entdeckung dieses einzigartigen Worpsweder Naturphänomens teilt Rilke eines Abends gleich seiner neuen Freundin Paula Becker mit, als er sie in ihrem Atelier besucht. Lange unterhalten sich die beiden über die höchst eigentümlichen Stimmungen in und um Worpswede, gerade oder besonders auch im Herbst.

Als er Paula später am Abend verläßt, überfällt ihn der Gedanke – oder vielmehr das Gefühl –, daß er eigentlich gar nicht so sehr über Worpswede, sondern in tief unbewußter Weise über sich selbst gesprochen hatte: seine Verzauberung durch die junge Malerin und seine wachsende Zuneigung für sie nicht weniger geheimnisvoll brennend als die herbstlichen Farben der Natur!

Im Gefühl dieser Verzauberung, die ihn fast überrascht, schreibt er ein Gedicht in sein Tagebuch, das wohl eine erste «Sternstunde der Liebe» dieser beiden Künstler eher andeutet als ausspricht:

Die roten Rosen waren nie so rot
als an dem Abend, der umregnet war.
Ich dachte lange an Dein sanftes Haar...
Die roten Rosen waren nie so rot.

Und die letzte Strophe:

Die Wasser spiegelten ein schwarzes Land
an jenem Abend, den ich regnen fand;
so hab ich mich in Deinem Aug erkannt...
Die Wasser spiegelten ein schwarzes Land.

Nehmen wir dieses Gedicht beim Wort, so sagt Rilke hier etwas davon aus, wie tief er schon jetzt von Paula fasziniert ist, da er in ihr einen Menschen gefunden hat, in dem er sich wiedererkennen kann, das heißt einen ebenbürtigen, Gleiches empfindenden, der seine Sprache spricht, die geheimste Sprache seiner Seele, die er nur den wenigsten Menschen soweit anvertraut hat. Er fühlt, daß sie beide – als Mensch und als Künstler – einander ähnlich sind wie Geschwister.

Es ist eines jener unausschöpfbaren Mysterien des Lebens, daß Rilke sein höchstes geistiges Einheitserlebnis mit einer Frau, mit Paula, einen Tag nach deren Verlobung mit Otto Modersohn, von der er ja nichts wußte, da sie geheimgehalten wurde, erfährt.

Merkwürdigerweise hatte er zuvor noch, gerade an jenem Tage, Otto Modersohn selbst für etwa zwei Stunden besucht und war danach, tief von dessen Anschauungen, Lebensart und Malweise beeindruckt, voll Dankbarkeit und Stimmung zu Paula gegangen, die gerade in ihrem kleinen Atelier in einem seiner Gedichtbände las.

Obwohl Rilke sich im Gespräch, das sich nun zwischen ihnen entfaltete, sehr bald in eine Reihe äußerst schwieriger Gedankengänge, seine Kindheit betreffend, verstrickte, hatte er doch das beruhigende Gefühl, daß Paula ihn vorbehaltlos verstand, ja, daß sie ihn wie wohl kein zweiter Mensch sonst begriff, «im Vergangenen und im Kommenden». Beiden schien es, als ob sie einen «Augenblick Ewigkeit» erreicht hätten. Oder «das Erwachen der Steine, Tiefen dir zugekehrt», wie Rilke es von einer solchen Begegnung seit je ersehnt hatte.

«Erstaunt und schaudernd schauten wir uns an, wie zwei, die unvermutet vor dem Tor stehen, hinter dem schon Gott ist...», schrieb er, fast überwältigt von diesem Erlebnis, zwei Tage später in sein Tagebuch.

In Paula war er einem Menschen begegnet, der, ihm gleich, noch das Unausgesprochene oder Unaussprechbare hörte und in sich aufnahm und es auch unausgesprochen beantworten konnte: «Und nach vielen Worten, welche nur Klang waren, kam die große redende Schweigsamkeit.»

Immer schon war Rilke von der Sprache, die Engel sprechen müßten, fasziniert gewesen, der schweigendekstatischen «Verkündigung», um die einige seiner Gedichte zu dieser Zeit kreisen.

Manchmal konnte es sogar geschehen, daß er sich selbst als einen solchen «Fremden» aus fernen Reichen empfand, völlig hingegeben seiner Schau Gottes.

Paula aber war die Frau, die wohl als einzige sein Geheimnis zu dieser Stunde erriet, ihn wie seinen Verkündigungsengel «bis tief in seine Himmel» gehen sah, in einer geistigen Intuition, die nur tiefste Liebe zu einem anderen Menschen zu geben vermag.

Von diesem Abend an wußte Rilke – in ebenfalls fast hellseherischer Sicht –, daß ihnen beiden eine jener seltenen und fast einzigartigen Stunden vergönnt war, die wir hier als «Sternstunden» bezeichnen möchten.

Wie kaum ein anderer Dichter hat Rilke dafür ergreifende Worte gefunden, als er, noch im vollen Gefühl der Tiefe seiner Begegnung mit Paula, schreibt:

Zu solchen Stunden gehn wir also hin
und gehen jahrelang zu solchen Stunden;
auf einmal ist ein Horchender gefunden –
und alle Worte haben Sinn.

Dann kommt das Schweigen, das wir lang erwarten,
kommt wie die Nacht, von großen Sternen breit:
zwei Menschen wachsen wie im selben Garten,
und dieser Garten ist nicht in der Zeit.

Was Rilke, diesem Gedicht gemäß, an Paula so über alles entzückt und hinreißt, ist, daß sie eine Ihn-Hörende, Ihn-Empfangende ist, ja die Hörendste, die Empfangendste von allen Frauen, die er kennt. Ihr gegenüber fühlt er sich daher plötzlich selbst zum Gebenden werden, fühlt sich angetrieben, ihr Worte zu schenken wie ein «Kleinod».

Als diese «Erwartende und Empfangende» steht Paula in großem Gegensatz zu jener anderen Frau, Lou Andreas-Salomé, Rilkes mütterlicher Freundin und Geliebten, von der er sich zwei Sommer zuvor einmal im Zorn darüber getrennt hatte, daß er fühlte, ihr nichts geben oder sein zu können, da sie immer schon alles besitze und in ihrem Reichtum seiner nicht bedürfe, ja auf ihn herabschaue. Damals hatte er sich als der «kleinste Bettler an der letzten Schwelle» ihres Wesens gefühlt.

Paula aber treibt ihn, ganz im Gegenteil, dazu an, seine schönsten Möglichkeiten in ihrer Nähe zu entfalten, täglich stärker werdend im Schenken und Schaffen. Und wie ein Blitz überfällt ihn die Einsicht ein paar Tage später, daß er nun – ihretwegen – nicht länger «dem Vergangenen» gehöre, ja daß er alle Erinnerungen – wohl auch besonders die an Lou Andreas-Salomé – ihretwegen abgeworfen habe, bereit, sich «willig greifen» zu lassen, vom Unbewußten dieses «Mädchens» ebenso sehr wie vom Ungewissen neuer Ziele.

Fast klingt es wie Jubel, wenn er schreibt:

Hier leben diese schönen Mädchen so:
halb noch ergriffen, sind sie schon Ergreifer.

Wenn Rilke in diesen Versen von «Mädchen» im Plural spricht, so ist auch die geistige «Schwester» Paulas, ihre beste Worpsweder Freundin und Mitschaffende, die Bildhauerin Clara Westhoff gemeint, die Rilke schon wenige Monate später heiraten wird.

Auch Paula selbst war von Clara bezaubert. Nicht zuletzt verbanden sie außer ihrem künstlerischen Schaffen viele Stunden gemeinsam verbrachter Ausflüge in die Umgebung Worpswedes, wie dies eine fast impressionistisch anmutende Aufzeichnung Paulas vom Juni 1899 veranschaulicht: «Heute nachmittag stakte mich Frl. Westhoff weit die Hamme hinauf. Wir pflückten gelbe Schwertlilien, schwammen, fühlten uns selig in diesem nassen Element und steckten uns gelbe Wasserrosen ins Haar.»

Auch Rilke begann sich täglich tiefer für Clara West-hoff als Mensch, aber mehr noch als Bildhauerin zu erwärmen. Dennoch rückte Paulas Gestalt mehr und mehr, und fast möchte man sagen, unaufhaltsam in den Vordergrund seiner Betrachtungen, wie man zahllosen bewundernden Sätzen aus den Worpsweder Tagebü-chern Rilkes entnehmen kann.

Ihre Augen verfolgen ihn, wohin er sich wendet. Er vergleicht ihre Art, ihn anzusehn, «gefüllten Rosen», die im Aufgehen «weich und warm» werden. Und die ihn sehen lehren, die Dinge sehen, wie sie in Wirklichkeit sind. Die Dinge außen in der Welt Worpswedes, die Bäume, die Wolken, die Gärten, die Früchte und immer wieder auch die Blumen: «Rote Georginen mit durch-schimmerndem Rand, Sonnenblumen, übergroße,... Levkojen.» Und es ist ihm, als ob ihn alles hier erwartet hätte, das Land und mehr noch die Menschen. Ein Gefühl des Schicksalhaften überkommt ihn. Als hätte der ruhelos Suchende und Umherziehende endlich Hei-mat gefunden, Heimat gefunden in einem Ort – «da entschloß ich mich, in Worpswede zu bleiben» – und, viel wichtiger noch, im Herzen seiner Worpsweder Freunde, im Herzen Paulas ganz besonders, die den «dunklen Dichter» stillschweigend in sich aufnimmt und ihm dabei ein kaum zuvor gekanntes Gefühl von «einfa-chem Sein», angstloser Geborgenheit vermittelt.

Ohne Zweifel ist Paula der «Stern», von welchem er in diesen Tagen Glanz empfängt.

Immer wieder zieht es ihn abends zu ihrem stillen «Lilien-Atelier», wo er über alles reden kann, was ihn gerade bewegt: «Vom Tode... vom Leben und der Schönheit in allem Erleben, vom Sterbenkönnen und

Sterbenwollen, von der Ewigkeit und warum wir uns Ewigem verwandt fühlen ... Alles wurde geheimnisvoll. Die Uhr schlug eine viel zu große Stunde und ging zwischen unseren Gesprächen umher ... – Ihr Haar war von florentinischem Golde. Ich sah sie nie so zart und schlank in ihrer weißen Mädchenhaftigkeit.»

Wenn er sie verläßt, erkennt er, daß der Abend «immer groß» ist, nachdem er bei ihr war. Ihr Reden und mehr noch ihr Schweigen schafft Raum. Freien Raum – wie am Meer. Ihretwegen notiert er, was für ihn das Höchste in mitmenschlicher Beziehung zu sein scheint: «An einen Menschen treten wie ans Meer.»

Und durch Paulas Geist zieht wie ein flüchtiger Schatten der Gedanke, der in Jubel umgewendet wird: «Ich weiß, ich werde nicht sehr lange leben. Aber ist das denn traurig? Ist ein Fest schöner, weil es länger ist? Und mein Leben ist ein Fest, ein kurzes, intensives Fest ...»

Beide spürten es, daß ihre Begegnung etwas Einzigartiges war. Um so schockierender und fast unbegreiflich mutet es an, wenn Rilke wie über Nacht seine Pläne, wenigstens bis zum nächsten Frühling, in seiner neugefundenen «Heimat» zu bleiben, radikal ändert und abschiedslos und fluchtartig Worpswede binnen weniger Tage verläßt, nachdem er Paula kurz zuvor noch zugerufen hatte: «Du blasses Kind, an jedem Abend soll der Sänger dunkel stehn bei Deinen Dingen ...»

Die Flucht ist so abrupt, daß sie absurd erscheint. Was war geschehen? Die entscheidende Tagebuchseite Rilkes, die vielleicht alles erklären könnte, wurde von ihm herausgerissen, vielleicht, damit seine Flucht ein unlösbares Rätsel bleibe.

Viele Interpreten dieses Rätsels aber sind der Ansicht,

daß Rilke nur darum Worpswede so unvorhersehbar verließ, weil er von Dritten gehört hatte, schließlich und endlich, was er eigentlich nicht hören sollte, nämlich daß Paula schon einem anderen Mann angehörte, was er doch nicht erwartet hatte. Es muß ein schwerer Schlag für ihn gewesen sein, der Verlust einer zweifachen Heimat, denn mit Paula mußte er notgedrungen auch Worpswede wieder preisgeben.

Geistig aber blieb ein Band zwischen beiden bis zu Paulas frühem Tod bestehen.

Selbst als Rilke schon lange wieder in Berlin weilte und inzwischen auch von Paula selbst von ihrer Verlobung erfahren hatte, schrieb er ihr noch Gedichte, wie etwa den langen «Brautsegen», in dem er sie vordergründig als Braut eines anderen akzeptiert (obwohl er dieses anderen, seines Freundes Otto Modersohn, nicht mit einem Wort gedenkt), unterschwellig aber immer noch davon träumt, Paula «am Rand von Worten... zu begegnen» und seine Hände in den ihren «abends auszuruhn».

Er kann die «Sternstunden», abends in ihrem «Lilien-Atelier» in Worpswede verbracht oder auch die «sonntagabendlichen» im Weißen Saal des Barkenhoffs, lange nicht vergessen, lebt in Erinnerungen und kann es nicht fassen, daß er alles dies verloren hat.

Wenn je eine Frau den Dichter – der einmal später gestand, daß er keine Frau wirklich hätte lieben können, da er seine Mutter nicht geliebt hätte – in seiner Tiefe ergriffen und erschüttert hat, so war es die «blonde Malerin im weißen Kleid» seiner kurzen, nur vier Wochen währenden, aber «brennenden» Tage, Abende, Nächte unter dem endlos weiten Worpsweder Himmel...

Er ließ Paula gehen – oder er verließ sie –, gerade weil er sie liebte.

Diese Liebeserklärung, die Rilkes tiefstes Glaubensbekenntnis im Hinblick auf die Liebe überhaupt umfaßt, machte er ihr allerdings erst sehr spät, zu spät, erst im Jahre 1907, nach ihrem Tod. In seinem berühmten Gedicht «Requiem», in dem es heißt:

Wir haben, wo wir lieben, ja nur dies:
einander lassen; denn daß wir uns halten,
das fällt uns leicht und ist nicht erst zu lernen.

Fest glaubte Rilke zeitlebens daran, daß Liebende die Freiheit des anderen vermehren, niemals begrenzen müßten. Er glaubte daran, weil er in jedem schöpferischen Menschen, besonders aber in der Frau, das «geheime Leichtsein» einer Gottheit vermutete, das durch nichts Irdisches belastet und herabgezogen werden dürfe. Er wollte Paula frei lassen, damit sie sich plötzlich – wie eine Nike – wegheben könnte in den «hellen Meerwind». Und fast wirft er Otto Modersohn vor, sich schuldig gemacht zu haben, indem er Paula aus ihrem göttlichen Leichtsein in menschlich-enge Bindung gebracht und damit unendlich beschwert habe.

Er sieht nicht, daß dieses irdische Gewicht, diese Seins-Schwere ihren Malereien gerade die Wucht, Größe und Aussagekraft gab, die wir heute in ihnen bewundern. Paula meisterte beides: irdisch-menschliche Schwere *und* göttliches Leichtsein!

Was Paula in der frühen Zeit ihrer Begegnung mit Rilke für den Dichter empfand, hat sie verschwiegen. Sie blieb Otto Modersohn in den folgenden Berliner Tagen im tiefsten treu und ergeben, obwohl sie, trotz ihrer Verlobung, noch einige magische Sonntagabende – «schöne, stille Stunden» – mit Rilke zusammen verbrachte.

Wahrscheinlich kommt ein Wort Hugo von Hofmannsthals dieser von Geheimnissen verschleierten Beziehung der beiden Freunde am nächsten, wenn er sagte: «Die Begegnung verspricht mehr, als die Umarmung halten kann. Sie scheint einer höheren Ordnung der Dinge anzugehören, jener, nach der die Sterne sich bewegen und die Gedanken einander befruchten.»

Wie schon zuvor, möchten wir eine derartige Beziehung zwischen zwei Menschen als eine Form von «Überliebe» betrachten, da sie fast ans Übermenschliche grenzt. Besonders auch, weil es ihr verwehrt ist, sich im Erotisch-Körperlichen zu erfüllen.

Dennoch ist auch sie rauschhaft, aus dem Zauber des Unbewußten sich entfaltend, das zwei große Künstler in magisch-einmaliger Weise miteinander verband.

Aber auch das einfach körperlich Erotische möchte Paula nicht missen. Sie fühlt, daß dieses irgendwie mit Worpswede verschwistert ist, daß sie nur dort – nicht in der Großstadt Berlin – dieses für sie ebenso Wichtigen teilhaft werden kann.

So sehnt sie sich in ihren Briefen an Otto Modersohn fortwährend nach Worpswede zurück, in dem Wissen, daß sie nur dort, in jenem Ort großer, einzigartig lebendiger Natur, wieder zur völlig liebenden Frau werden könne: «Wenn der Frühling über den Weyerberg zieht und grüne Schleier über die kleinen Birken spannt und jedes Bäumlein sich schauernd zur Befruchtung rüstet, wenn aus der Erde der junge Lebensgeruch strömt, dann wird es auch mir die Stirne küssen und wonniglich durch mein ganzes Wesen ziehen und der Drang von mir zu Dir wird wachsen und zunehmen bis zu einem Tage, da ihm die Erfüllung wird...», schreibt sie an Otto im Februar 1901 aus Berlin, wo sie sich gerade in der bürgerlichen Tugend des Kochens übt, um Otto eines Tages auch die perfekte Hausfrau sein zu können.

Und wie sie es gleichsam prophetisch von Berlin aus erschaute, so traf es wenige Wochen später – wieder zurück in Worpswede – ein: Noch im selben Frühling heiratete sie Otto Modersohn, nachdem auch Heinrich Vogeler sich mit Martha Schröder verheiratet hatte und auch Rilke mit Clara Westhoff die Ehe eingegangen war. Letztere erwarteten sehr bald schon ihr erstes und einziges Kind.

Und damit hatte die kurze, brennende Rausch-Zeit von Worpswede ein wirklich erstaunliches Ende gefunden: Drei junge Künstler-Ehepaare, denen es nun darum gehen wird, im Sinne der damaligen Jugendstilideale aus dem Leben selbst ein Kunstwerk zu machen. Was ihnen allen auch, eine Zeitlang wenigstens, glückte. Nur als die Kunst späterhin von den einzelnen Künstlern wieder zum Selbstzweck, zur einzig wichtigen «Arbeit» deklariert wurde, «zerbrachen» alle drei Ehen letztendlich unter dem Übergewicht einer solchen Anforderung.

Auch bei Paula Modersohn-Becker stand am Ende – über alles Lieben hinaus – der verläßlichere und unverwelkbare Rausch der Farben und Formen ihres künstlerischen Schaffens. Noch kurz vor ihrem Tod am 21. November 1907 schrieb sie nieder: «Ich möchte das Rauschende, Volle, Erregende der Farben geben, das Mächtige.»

Mochte die Freundschafts-, die Liebes-«Rauschzeit» ihrer Jugend in Worpswede verklungen sein, in ihrem Werk finden wir den Nachhall oder vielmehr vollen Ausklang jener traumhaft-erregenden und mit Leben, Geheimnis und Glück übervollen Tage auf immer ins Bild gebannt.

Als sie – erst einunddreißigjährig – starb, war ihr Leben wie ihre Kunst gesättigt mit allen Farbenskalen großen Seins.

Dennoch waren ihre letzten Worte: «Ach, wie schade...» Sie hatte selbst ihr Muttersein noch auskosten wollen bis zum letzten, alle Formen und Möglichkeiten von höchster Vergeistigung bis zu irdischster Sinnlichkeit integrierend in einer Gestalt.

Sie – wie auch die übrigen Worpsweder Künstler – liebte das Leben. Fast möchte man, Nietzsches gedenkend, sagen: in dionysischer Überschwenglichkeit, geistiger Ekstase, es unaufhörlich preisend bis zum letzten Atemzug.

Wer heute zum «Weltdorf» Worpswede, dem «Kunstmekka Norddeutschlands» fährt, um dort für ein paar Stunden in die Atmosphäre der vielen Kunstmuseen und Galerien einzutauchen, kann von nun an dort auch die mannigfaltig verschlungenen «Pfade der Liebe» nachvollziehen, die einst, um die Jahrhundertwende, dieses kleine und entlegene Moordorf wie kaum ein zweites zum «Ort der Liebe» – und des Schicksals – werden ließen, in dessen kristallklaren Nächten zu jener Zeit einige Sterne stärker strahlten als irgendwo sonst in der Welt.

Die Geburt der Liebe in Berlin

Aus der Myriade von Liebesgeschichten, die sich in einer Großstadt wie Berlin im Laufe der Zeit ereignen, ragen zwei Begebnisse hervor, die wir als einzigartige «Sternstunden der Liebe» bezeichnen möchten, da sie weit über den Bereich normaler Liebeserfahrung hinausreichen. Sie wurden mit einer solchen lebensverändernden Dynamik und Tiefe gelebt, daß es den Liebenden schien, als sei die Liebe mit ihnen zum ersten Mal in der Welt Wirklichkeit geworden, ja als hätten sie die Liebe in die Welt gebracht, und wenn nicht die Liebe selbst, so doch jedenfalls eine gänzlich neue Vision dieser uralten Menschheitsempfindung.

Es handelt sich bei diesen Liebenden zum einen um Friedrich Schlegel und Dorothea Veit zu Ende des 18. Jahrhunderts, und zum anderen um Else Lasker-Schüler und mehrere ihrer Dichterfreunde aus der Berliner Boheme zu Anfang des 20. Jahrhunderts.

Der Frühromantiker Schlegel verherrlichte die Geburt seiner Liebe in seinem 1799 veröffentlichten Roman «Lucinde», während die dem aufkommenden Expressionismus zugehörige Dichterin Else Lasker-Schüler ihre mit jeder neuen Verliebtheit neugeborene Liebe hauptsächlich in ihren Gedichten an Gottfried Benn und den früh verstorbenen Lyriker Hans Ehrenbaum-Degele verströmte.

Mit ihren Lieben verherrlichten beide Autoren zugleich zwei Institutionen, die unwiderruflich zum Bild der Stadt Berlin gehören, den literarischen «Salon» des 18. Jahrhunderts und das «Caféhaus» auf dem Kurfürstendamm, in dem sich die Boheme des beginnenden 20. Jahrhunderts nächtelang traf – und verliebte.

«Salon» und «Caféhaus» Berlins bildeten also den Hintergrund oder besser die geistige Atmosphäre, in der sich die beiden exotischen Pflanzen der Liebe, denen unserer Aufmerksamkeit hier gilt, erst voll entfalten konnten und ohne die sie vielleicht undenkbar sind.

I

Die Liebe ist der Endzweck
der Weltgeschichte –
das Amen des Universums.

Novalis

Es gibt wohl nur wenige junge Menschen, die so von Anfang an zur Liebe geboren und bestimmt sind – zur Liebe im weitesten Sinne des Wortes – wie der junge Friedrich Schlegel, der am 10. März 1772 als jüngster Sohn des Generalsuperintendenten Johann Adolf Schlegel in Hannover geboren wurde.

Dieser Heros und spätere Philosoph der Liebe, als den wir ihn heute sehen, hatte eine äußerst lieblose Kindheit und Jugendzeit durchzumachen, denen «Lehrjahre der Männlichkeit» folgten, die ihn von Krise zu Krise, oft fast bis an den Rand des Selbstmords trieben.

Friedrich Schlegels Weg zum «Paulus» einer neuen bewußtseinserweiternden «Religion der Liebe» war ein dorniger von Anbeginn, endete aber endlich in Berlin in einer «Sternstunde der Liebe» von solcher Strahlung, daß sein ganzes Leben dadurch verwandelt und er zum Verkünder der «Frohen Botschaft» dionysisch erfüllter Liebe wurde, eines «Evangeliums», das wir noch heute nicht voll ausgeschöpft oder auch nur annähernd verstanden haben.

Folgen wir den einzelnen Stationen dieses schwierigen Entwicklungsganges des jungen Friedrich Schlegel, so ist es uns, als ob wir den Entwicklungsstadien des altgriechischen Gottes der Trunkenheit und Liebe, Dionysos selbst, folgten, der gänzlich paradoxerweise seine Kindheit gerade in einem norddeutschen Pfarrhaus antreten mußte.

Was ihm verständlicherweise nur schwer gelingen konnte. Von Anbeginn wollte der junge Friedrich nichts als Freude erleben, Tanz, triebhaft sich ausleben, seinen Phantasien hingegeben, rauschhaft eins mit dem Blühen und Grünen in der Natur. Er fleht seine Mutter, die wohl etwas steife und wenig lebensfrohe Frau Superintendentin, an: «Weg mit dem dunklen Schleier, dann bist du schöner...» und: «Sind deine Augen dunkel, so stirbt die Blüte...», aber sie konnte – eine Gefangene ihrer «Religion des Todes», wie er es später sah – diese beschwörend eindringlichen Rufe des Knaben Dionysos auf ihrem Schoß nicht vernehmen. Sie konnte ihn nur bestrafen für diese seine angeborene überschäumende Lebenslust. Sie konnte ihn endlich nur von sich stoßen, aus dem christlichen Bereich verbannen, in den er seiner eigensinnig phantastischen Natur nach einfach nicht einzufügen war.

So wird der junge Friedrich als ein «schwer erziehbares Kind» gebrandmarkt, mit dem die Eltern absolut nichts anzufangen wissen, und zu ältlichen Pfarrern «aufs Land» geschickt, wo er bis zu seinem dreizehnten Lebensjahr einsam und ohne alle Mutterliebe und Fürsorge aufwächst.

Es ist in diesen Jahren seiner Verbannung aus dem Elternhaus, daß er von seinem Triebleben – «zügelloser Lust» – fast überwältigt wird.

Ohne eine Mutter, der das frühreife Kind seine ersten Gefühle der Liebe entgegenbringen kann, wuchert diese seine «Liebe ohne Gegenstand», wie er es selbst später nannte, ins Uferlose wie ein verzehrendes Feuer. Besonders in den Pubertätsjahren ist sein ganzes Wesen wie eine einzige Wallung der Leidenschaft – «bei dem geringsten Anlaß brachen die Flammen der Leidenschaft aus...» –, aber heroisch verschmäht er es, diese irgendeinem Mädchen, das nicht ebenso tief und radikal fühlt wie er, entgegenzubringen.

Und so geschieht es, daß die Flammen in sein eigenes Herz zurückschlagen und ihn zu verzehren drohen. Sein Geist gerät in eine «beständige Gährung», ja in Aufruhr. Er treibt sich unter Menschen umher wie einer, der mit Angst etwas sucht, woran sein ganzes Glück hängt, und der es doch nicht finden kann. Seine Suche wird täglich fieberhafter, hektischer, verzweifelter.

Aber was sucht er denn eigentlich? Und wird er es je finden können, wenn er gar nicht weiß, was er so unaufhörlich und verzweifelt sucht?

Er verliebt sich in sehr junge, fast noch kindliche Mädchen, die er sogleich zu verführen sucht, was ihm jedoch nicht gelingt; ihn nur mit Schuldgefühlen beschwert und weitersendet, geplanteren Eroberungen weltlicherer Damen entgegen.

Doch auch diese wilden und willkürlich begonnenen Liebesabenteuer führen zu nichts, da die Damen seine Spiele durchschauen und nun ihrerseits, gefühllos werdend, mit ihm zu spielen beginnen, so daß ihn fast eine Verachtung aller Frauen ergreift, auf die er in kalter Abwertung ihres Wesens herabzuschauen beginnt.

Als er schon Student ist, sind «beinahe öffentliche» junge Frauen eine Zeitlang seine letzte Zuflucht. Mit ihnen erlebt er endlich den so lang ersehnten sinnlichen Rausch, sexuelle Befriedigung, ja eine «schöne bacchantische Wut», die er wohl unbewußt immer schon begehrt hatte.

Sein Suchen, sein überwältigendes erotisches Begehren, scheint endlich im Beisammensein mit diesen «Bacchantinnen», die ebenso «wild, ausschweifend und unersättlich» wie er selbst sind, erfüllt. Aber ist dies Liebe? So fragt er sich eines Tages kalt und besonnen, und als die Antwort «natürlich nicht» ist, muß er weiterziehen, erneut auf Suche gehen wie ein Gralsritter, der fast schon das höchste Gut mit Händen greifen konnte, dem es sich aber im letzten Moment als Illusion erwies, als bloße Fata Morgana. Das eigentlich höchste Gut – die große Liebe, die ihn einmal ganz erfüllen könnte – ist so unerreichbar wie je zuvor.

Aber etwas ist ihm klargeworden. Von nun an weiß er wenigstens, was er braucht und in einer Frau sucht, bis er es endlich eines Tages gefunden haben wird: die Frau, die er endlich – wie den Gral selbst – lieben kann, muß gewiß eine «Bacchantin» sein wie die Frau, die er gerade verläßt; sie muß aber darüber hinaus auch ein «Freund» sein, mit dem er alles, was ihn bestürmt, bereden kann. Sie muß aber endlich, was wohl das wichtigste ist, auch etwas von der Mutter an sich haben, die er einst in frühester Kindheit «verlor» und der vielleicht zeitlebens all sein tiefstes Liebesuchen galt.

Endlich sieht er klar wie eine Vision, was einzig er lieben kann.

Aber wie soll er es finden?

Gibt es in der guten Gesellschaft seiner Zeit des endenden 18. Jahrhunderts, in Hannover oder Göttingen oder sogar Leipzig, ein derart phantastisches Frauenwesen, wie er es sich nun erträumt – wahrlich einer Göttin gleich –, das fähig wäre, sein ganzes komplexes, multiples, «polymorph-perverses», leidenschaftliches Wesen zu erfassen und zu umfangen, geistige Freundin und sinnlichste Partnerin in einem?

Wiederum verfällt er tiefsten Zweifeln und Verzweiflungen. Nein, er kann es sich nicht vorstellen, daß es eine solche Frau geben könnte, die seinetwegen alle Regeln der Prüderie und Sittsamkeit seiner Zeit durchbrechen würde, um mit ihm ein Leben poetischer Ekstase und dithyrambischer Ausgelassenheit zu beginnen, von dem er ja keineswegs voraussagen könnte, wohin ein derart frei und expressiv gelebtes Leben am Ende führen würde. Sicherlich nicht in den Hafen bürgerlicher Respektabilität und Sicherheit, den die meisten Frauen ihrerseits erträumen und erwarten.

In seiner Verzweiflung wendet er sich von allen Frauen ab, da er keine einzige zu finden glaubt, die das «Gefühl für das Unendliche» in sich habe, das so maßlos in ihm braust und sich nach Erfüllung sehnt.

Eine Zeitlang wendet er sich nun ausschließlich jungen Männern zu. Aber auch das befriedigt ihn nicht auf die Dauer. Er braucht mehr, als Männerfreundschaften ge-

132

ben können. Er verfällt einer tiefen jugendlichen Schwermut und ist nur zu oft von Selbstmordgedanken bedroht. Mehr und mehr wandelt sich seine Lebensgeschichte in eine Krankheitsgeschichte. Er fühlt sich dem Wahnsinn nah, einem zweifachen Wahnsinn: einer immerwährenden, fast zwanghaften inneren Liebessuche – ja Liebesraserei – und der Einsicht, daß die Liebe, die in ihm wühle, wohl für immer ohne Gegenstand, ohne Gegenliebe bleiben müsse. Da es die Frau nicht geben könne, die eine solche «unendliche Liebe» zu erwidern und zu ertragen fähig wäre!

Heutzutage würden wir einen derart überspannt hoffenden und dem wirklichen Leben so unangepaßten jungen Menschen zum Psychiater schicken, damit er Selbstkontrolle und normalisierte Erwartung lerne. Damals aber gab es dergleichen professionelle Hilfespender, die auch Einsicht in die Abgründe menschlicher Sexualität und Liebe besaßen, noch nicht.

Man kam in dem Abgrund aufgewühlter und unergründlicher Leidenschaften um oder man mußte sich selbst, so gut es ging, daraus zu erretten versuchen. Oder man mußte das fast unvorstellbare Glück haben, einer Frau in schon reiferen Jahren, einer mütterlichen Frau also, zu begegnen, die mit einem Blick alles vergebliche Suchen beschwichtigen könnte und Heilung bringend «ewige Liebe» verhieße, wie dies dem jungen Schlegel endlich und schließlich widerfuhr.

Zuerst, im Jahre 1793, begegnete er, noch in der Nähe von Leipzig, der damals schon schwangeren Caroline Böhmer, deren erster Anblick seine Krankheit sogleich heilte und seinen Geist «zum ersten Male ganz und in der Mitte traf».

Blitzartig ergriff ihn ein «neues, unbekanntes Gefühl», die Einsicht, daß dieser neue Gegenstand seiner
Liebe «allein der rechte und dieser Eindruck ewig sei».

Und schon mit dem zweiten Blick wußte er, «daß es
nun gekommen und wirklich da sei, was er so lange
dunkel erwartet hatte».

Es schien ihm, er habe die Frau der Frauen getroffen,
die er glaubte einzig lieben zu können. Alle vorherge-
henden Leidenschaften erschienen ihm nun als ober-
flächlich und zusammenhanglos. Fast schämte er sich
ihrer. Aber wiederum trifft ihn ein Schicksalsschlag. Ob
er es wahrhaben will oder nicht: Diese so geliebte und
verehrte Frau war schon einem anderen Mann vergeben,
und dieser Mann war niemand anders als sein eigener
Bruder, August Wilhelm. Schon in wenigen Monaten
würde er aus den Niederlanden eintreffen, um sie zu
heiraten, ungeachtet der Tatsache, daß das Kind, das sie
erwartete, nicht das seine war. Er liebte sie – wie Friedrich selbst – über alle Maßen. Friedrich war lediglich als
Stellvertreter seines Bruders zu Caroline gesandt worden, um ihr während ihrer Schwangerschaft in allem
behilflich zu sein.

Noch immer hielt er also den Gral seiner endlosen und
verzweifelten Liebessuche nicht in seinen Händen.

Aber Caroline hatte wenigstens in ihm die Hoffnung
angefacht, daß er endlich doch noch finden könne, was
er suchte, nämlich eine Frau *wie* Caroline: selbständig
bis zur Männlichkeit und dennoch äußerst weiblich,
fühlend, ideensprudelnd, phantastisch, bacchantisch!
Ohne Vorurteile dem Leben hingegeben, nur der
Flamme ihres inneren Gefühls folgend! Gefährlich lebend, zärtlich lebend, vital, unabhängig, frei, stark!

Er konnte nicht genug Worte finden, sie zu preisen. In ihr hatte er die Göttin seiner tiefsten und weitreichendsten Träume gefunden.

Als diese aber sehr menschlich ihr Kind zur Welt gebracht hatte, mußte er sie wieder verlassen. Mußte er sie seinem Bruder als fast unverdiente Trophäe preisgeben. Weiterziehen. Neue Wellen der Schwermut und Verzweiflung. Neue Wanderschaft und Suche.

Nun endlich führt sein Weg – auf Anregung Goethes – in die Großstadt Berlin.

Als er Ende Juli 1797 dort eintraf, war er fünfundzwanzig Jahre alt und bereits «einer der berühmtesten Autoren seiner Zeit», denn er hatte ebensoviel kritischen Verstand und Kunstsinn wie erotisches Begehren und Liebesüberschwang in seiner überaus komplexen Gesamtpersönlichkeit.

Vieles Neue stürmte sogleich in Berlin auf ihn ein. Neue Menschen wie Ludwig Tieck und vor allem Friedrich Schleiermacher, der zu jener Zeit als protestantischer Prediger an der Charité wirkte. Eine Vielzahl höchst fruchtbarer Ideen – die gesamte frühromantische Sittenlehre – entsprang dem Freundschaftsbund dieser beiden genialen jungen Männer.

Aber Schlegel suchte mehr als nur Ideen. Er suchte das Leben selbst – das höchste Leben –, das Romantische als Existenzerfahrung, und dieses konnte und wollte er nur wie bislang in der Liebe finden.

Zu ihren literarischen Gesprächen trafen sich die Berliner Freunde anfangs gern im Haus von Henriette Herz, der anmutigen und vielbewunderten Frau eines Arztes, deren Schönheit mit Tizians Frauengestalten verglichen wurde.

In ihrem «Salon» lernte Schlegel nicht nur die geistreiche und witzsprühende Rahel Levin kennen, zu der er sich spontan hingezogen fühlte, sondern auch Prinz Louis Ferdinand von Preußen, der hier gern verkehrte, die Brüder Humboldt und viele andere Berühmtheiten seiner Zeit.

Alles überschattend wurde jedoch für Schlegel in diesem Kreise die Bekanntschaft einer Frau, die nicht durch ihre Schönheit wie Henriette Herz auffiel – manche nannten sie sogar häßlich –, die auch nicht durch geistreichen Witz bestach wie Rahel Levin, von der aber ein inneres Leuchten ausging, so stark, daß es ihn unwiderstehlich in seinen Bann zog. Schon nach wenigen Wochen waren sie engste Freunde.

Diese Frau, neun Jahre älter als Friedrich, war niemand anders als Dorothea Veit, die Tochter des berühmten Moses Mendelssohn, der einst das Vorbild für Lessings «Nathan der Weise» abgegeben hatte.

Obwohl Dorothea schon seit dreizehn Jahren mit einem Mann verheiratet war, den sie nicht lieben konnte, und obwohl sie außerdem schon zwei Söhne hatte, fühlte sie sich dennoch frei. Lange schon hatte ihr eine Scheidung von ihrem Mann, dem Bankier Veit, dem sie sich geistig weit überlegen fühlte, im Sinne gelegen.

Und so entsprang schon nach kürzester Zeit zwischen den beiden neuen Freunden – dem brillanten Jüngling und romantischen Revolutionär und der als glutvoll, innig und hingebungsvoll geschilderten älteren Frau – ein Liebesverhältnis, das in seiner Vehemenz und Ausschließlichkeit einzigartig ist.

Denn welcher anderen Liebesbegegnung ist es wohl je

zuteil geworden, zum Ausgangspunkt einer neuen Welt-religion gemacht zu werden, wie Friedrich Schlegel dies sehr bald schon, durch Dorothea zum Höchsten inspi-riert, unternahm.

In seinem bis heute skandalumwitterten Roman «Lu-cinde», den er in Berlin unter Dorotheas Einfluß in einem fast tranceartigen Zustand schrieb, verkündete er nichts weniger als das lange schon in ihm vorbereitete Liebes-«Evangelium», das zu formulieren ihm jedoch erst jetzt, an der Seite seiner Dorothea-«Lucinde», ge-lang.

Einzig durch sie hatte er die Rechtfertigung seiner großangelegten, dionysischen Existenz gefunden. Erst durch ihre einzigartige Liebe und mit ihr zusammen konnte er der Gesetzgeber dieser neuen und absoluten Liebes-«Religion» werden, die ihm am Herzen lag und die der Gesamtausdruck seiner romantischen Sittenlehre bedeutete.

Der Roman, so oft mißverstanden, ist das moderne Hohelied ganzheitlich empfundener Liebe, die alle Ge-fühlsbereiche des Menschen von sinnlichster Sinn-lichkeit bis zur höchsten Geistigkeit umfaßt und zur Synthese bringt und dadurch innere Harmonie und Freude stiftet.

Friedrich Schlegel erlebte Dorothea geradezu als seine «Retterin», die wie über Nacht seine innere Zerrissen-heit, Verzweiflung und Schwermut heilte.

Zeitlebens hatte er sich als Mann aufgespalten gefühlt zwischen den Extremen von Sinnlichkeit und Geistig-keit. Nie zuvor war es ihm gelungen, beide Extreme zu vereinigen in einem einzigen, alles umfassenden und erfüllenden Gefühl.

Erst Dorotheas «unteilbares» Liebesempfinden gibt ihm zum ersten Mal innere Ganzheit und Ungebrochenheit. In ihr glaubt er endlich «alles vereinigt zu besitzen, was er sonst einzeln geliebt hatte».

In ihr gibt es keine Absonderung mehr von «Göttlichkeit und Tierheit». Sie ist der wahre Mensch, ja das Ideal des wahren Menschen, da sie beide Extreme in sich integriert hat, fast schmerzlos, und aus diesem schwierigen Prozeß strahlend hervorgegangen ist.

Diese innere Ausgesöhntheit zwischen Trieb und Geist ist es – er sieht es nun ganz klar –, die ihr jene Lebens- und Liebesenergie gibt, jenen «Enthusiasmus», den er an ihr über alles bewundert und liebt.

So ergreift die beiden in ihrer Liebe eine «unendliche Begeisterung» und Gemütserschütterung. Sie erleben sowohl «geistige Wollust wie sinnliche Seligkeit» in der «kühnen Musik des liebrasenden Herzens». Wahre Bacchanalien des Gefühls, durchleuchtet vom «Blitz der Lust», dionysosgesandt.

«Wein soll schäumen und Blitz soll zünden...», heißt es nun im romantisch-dionysischen Liebesmanifest des Romans. Liebe muß «Verwirrung» bringen, alle Gesetze täglicher und eingeschränkter Existenz aufheben, keine Zeit darf mehr herrschen, nur Wollust und Unendlichkeit. Nur was im Traum, im grenzenlosen Königreich des Unbewußten möglich ist, soll auch im Reich der Liebe gelten.

Eine Umwertung aller Werte setzt ein. Nicht die Ehe heiligt die Liebe, sondern wahre Liebe, wo immer sie aufblüht, ist «heilig» in und durch sich selbst. Falsche Sittlichkeit und Prüderie werden entlarvt. «Elektrizität des Gefühls» hingegen, vor allem «Wärme» der gegenseitigen Zuwendung der Liebenden, werden als das höchste Gut der Liebe verherrlicht und gepriesen. Auch müssen die Liebenden einander «anbeten», denn sie sind Gott oder Göttin füreinander.

Mehr und mehr wird Dorothea-«Lucinde» für Friedrich zur Priesterin, zur «Priesterin der Nacht», die das heilige «Liebesfeuer» ohne je zu ermüden wachhält und immer neu zu höchstem Entflammen anfacht. Fast halluzinatorisch sieht er sie als «schwarz mit Blumen und Juwelen bekleidet» und dennoch auch als Licht, ja als Lichtbringerin.

«Es ward Licht in seinem Innern», heißt es deshalb an einer der wichtigsten Stellen im Roman. In Dorothea hat er seine Sternengöttin gefunden, die die Nacht seines Lebens durchflutet und ihm Luzidität schenkt, Hellsichtigkeit, innere Erleuchtung, aus der sein einst so chaotisches Leben wie in neugeborener Klarheit hervorgeht.

Schlegels Roman «Lucinde» ist seit seiner Veröffentlichung 1799 nur zu oft als frivol oder gar als «unsittlich» in seiner Darstellung «nackter Sinnlichkeit» abgelehnt und verurteilt worden.

Dionysischer Ausdruck sinnlichster Leidenschaft erfüllt die «Lucinde» tatsächlich fast auf jeder Seite. Aber Frucht und Auswirkung dieser «Liebeswut» sind durchweg kathartisch. Sie stiften Harmonie und Freude und stehen nicht im geringsten im Widerspruch zu christlicher Liebe, deren geforderte «Pflichterfüllung» nun durch «zärtliche Zuneigung» zum leidenden Nächsten nur tiefer beseelt wieder aufersteht. Schlegel formuliert sogar, daß das ganze Leben «ein steter Gottesdienst» sein solle oder besser noch «ein heiliges Fest». Jeder Augenblick, jede Handlangung geweiht durch Liebe.

Jede Bewegung des Körpers oder Geistes ein Gebet, ein «körperliches Gebet», wie in urältesten Zeiten.

Durch Dorothea – die er endlich 1804 auch heiraten konnte – fand Friedrich Schlegel nicht nur die innere Psychosynthese seines Wesens, sondern auch die Synthese eigentlich diametral entgegengesetzter Religionssysteme wie der heidnisch-antik-erotischen und der christlich-spirituell orientierten.

Mit Hilfe der «leuchtenden Lucinde» gelang es ihm, die innere Feindlichkeit dieser Systeme geistig-physisch zum Ausgleich zu bringen.

Hatte Dorothea ihn nicht gelehrt, hatte sie es ihm nicht täglich vorgelebt, daß Körper, Seele und Geist gleich gottnah sind, ein unzerteilbares, golden fließendes Wellenband der Natur?

Hatte sie ihm nicht täglich bewiesen, daß Körper und Licht nur eine einzige Einheit bilden, untrennbar noch über den Tod hinaus?

Man lese die vielgeschmähte «Lucinde» noch einmal unter diesem Gesichtspunkt, um die geistige Großtat dieser modernen in und mit ihr gestifteten «Liebesreligion» zu ermessen, deren «Frohe Botschaft» uns nur ein Vorbild sein kann auf unserem eigenen Weg ins dritte Jahrtausend.

II

Als hätte Else Lasker-Schüler zu der Zeit, als auch sie in Berlin lebte, die Botschaft der «Lucinde» vernommen, begann sie ihre dichterische Laufbahn mit dem Ausdruck fast orgiastischer Sinnlichkeit und seelischer Liebeserschütterung, der wie die höchste Steigerung von Friedrich Schlegels Liebes- und Weltsicht wirkt.

Genau hundert Jahre nach dem Erscheinen der «Lucinde» veröffentlichte sie 1899 ihre ersten Gedichte, vorerst in einer Zeitschrift, 1902 dann aber schon als Gedichtband «Styx» in einem Berliner Verlag.

Wem diese ihre frühsten, äußerst erregt-ekstatischen Gedichte gegolten haben, ist bis heute nicht enträtselt. Ihrer eigenen Aussage nach dichtete sie sie «zwischen 15 und 17 Jahren», als sie nämlich gerade ihre «Ursprache», noch aus der Zeit Sauls, «des königlichen Wildjuden herstammend», wiedergefunden hatte.

Einige Gedichte dieses Buches wie «Orgie», «Fieber», «Sinnenrausch» lesen sich wie die poetisch realisierte Erfüllung aller ausschweifend-bacchantischen Töne, die Friedrich Schlegel ein Jahrhundert zuvor versuchsweise angeschlagen hatte.

Jetzt, zu Anfang des 20. Jahrhunderts, regte sich allerdings niemand mehr in Berlin oder wo immer diese aufpeitschenden Verse der jungen Dichterin gelesen wurden, über deren ausgesprochen erotische Gefühls- und Ausdrucksweise auf, mit der sie zur Ahnfrau des aufkommenden expressionistischen Stils in der Literatur und Kunst der Zeit wurde.

Sie verströmte ihr Liebesgefühl in orientalisch anmutender Bilderpracht und Erlebnisfülle, ungebärdig und zügellos jedem erotischen Impuls, jedem bildnerischen Einfall hingegeben.

Zuzeiten konnte ihr selbst bange werden vor dem Ungestüm ihrer libidinösen Anwandlungen, dem Sturm ihrer weiblichen Gefühle. So floh sie – die ihr verstehendster Freund und «Entdecker» Peter Hille einmal als «die Königin der allerhöchsten Leidenschaften» bezeichnet hatte – in die Rolle des Mannes, um dadurch ihr allzu starkes Liebesbegehren zu bezwingen und dem Mann ein «Bruder» zu werden anstatt die Geliebte.

Sie legte sich Namen zu wie «Jussuf, Prinz von Theben» oder «Malek». Zu diesem männlich-poetischen Bild gehören dann auch die weiten Hosen, die sie zu dieser Zeit ihres Lebens in Berlin gerne trug, und der kurze Haarschnitt, der allgemein Aufsehen erregte, da er damals für Frauen nicht üblich war.

Ihre Selbsterhebung zum Prinzen von Theben – später sagte sie bezeichnenderweise über sich aus: «Ich bin in Theben (Ägypten) geboren, wenn ich auch in Elberfeld zur Welt kam im Rheinland...» – und ihre durchaus phantastische Kleidung kann man zum Teil ihrem bohemehaften Dasein, ihrer abenteuerlichen Kaffeehausexistenz jener Tage zuschreiben und ihrem Willen, ihre Geschlechterrolle in einer neuen Tonart zu spielen.

Andererseits aber brauchte sie ihre prinzliche Inkarnation und Identität, um ihrem Leben mythische Tiefe und Bedeutung zu verleihen, die ihr tägliches Leben – und auch gerade ihr Liebesleben – ihr nicht zu geben vermochten.

Obwohl die Dichterin nach der Scheidung ihrer ersten Ehe tagelang, nächtelang im «Caféhaus des Westens» am Kurfürstendamm residierend, ja herrschend, gleichsam in einem Zustand immerwährender Verliebtheit schwebte, die sie andern Dichtern und Künstlern, die sie dort kennenlernte, zutrug, war ihr Liebesleben eigentlich nicht glücklich zu nennen.

Sie verströmte ihre Liebe in die Welt als Gefühl und

als Dichtung, aber meistens blieb diese Liebe unerwidert oder verlöschte nach einem kurzen Auflodern sehr bald.

So ausgesprochen wie kaum eine Frau sonst glaubte die Dichterin an die Schönheit kurzen Verliebtseins – «so rauschend, so überwältigend, so unzurechnungsfähig, immer taumelt das Herz» – im Gegensatz zur Liebe, die sie als «bürgerlich» empfand und abtat.

Was sie in ihrer «Verliebtheit» für Herwarth Walden, ihren zweiten Ehemann, empfand, ist jedenfalls nicht in ihre Dichtung eingegangen. Die Briefe, die sie ihm um 1910 von Berlin aus nach Norwegen schrieb und die später unter dem Titel «Mein Herz», gewidmet «Niemandem», herausgegeben wurde, sind nur insofern Liebesbriefe, als sie ihrem Mann darin von ihren neuen Verliebtheiten erzählt, die die in Berlin Zurückgelassene wieder einmal befallen haben.

Aus diesen werden dann aber doch schon in wenigen Wochen sehr große Lieben, ihr Herz zerreißend. Es handelt sich dabei einmal um ihre Liebe für den früh verstorbenen Lyriker Hans Ehrenbaum-Degele und zum andern um ihre brennende Zuneigung zu Gottfried Benn, dem «König Giselher» ihrer mythologisierenden Phantasie, der sie mit seinem «Lanzenspeer» mitten ins Herz getroffen hat.

«Sternstunden der Liebe» folgen, wie sie schöner und leidenschaftlicher kaum beschrieben werden können als in den Gedichtzyklen, die sie diesen beiden Männern namentlich gewidmet hat.

War Dorothea-«Lucinde» für Friedrich Schlegel eine Art «Sternengöttin der Nacht» gewesen, so ist es Else Lasker-Schüler, als käme sie tatsächlich von den Sternen und hätte sich nur auf unsere «schwarze Erde» für eine kurze Zeit verirrt.

Einer ihrer Freunde erfaßte dies sehr hellsichtig und sagte nach ihrem Tode über sie: «Sie war ein Fremdkörper – ein leuchtender Sternsplitter – im rationalistischen Auge des Jahrhunderts.»

Sie selbst bezeichnete sich nur zu oft als «Komet», ihre eigentlichste Heimat die unermeßliche Weite des Weltraums. Eines ihrer Hotelzimmer in Berlin soll wie eine Schiffskajüte ausgesehen haben. Oder war es nicht vielmehr das Innere eines Weltraumschiffs?

Immer fühlte sie sich von weither kommend, aus dem Uferlosen. Ein Meer ohne Strand. Eine Sternschnuppe. In ihrem Schweif das Wesen der Sterne. So kommt es, daß sie einem Menschen, den sie gerade liebte, zurufen konnte: «Besterne dich mit meinem Blut».

Sie erwartete von ihren Lieben nichts weniger als eine «Himmelfahrt». Sterne – und die Sehnsucht, zu ihnen zurückzukehren – geistern als Bilder und Symbole durch fast alle ihre Liebesgedichte.

Selbst an ihrer Wimper fühlt sie einen Stern hängen, der so hell ist, daß sie nachts nicht mehr schlafen kann. So erzählt sie in einem ihrer Liebesgedichte an Gottfried Benn, dem wohl die größte Liebe ihres Lebens gegolten hat. Die größte «Verliebtheit».

1912 hatte sie ihn im Berliner Expressionistenzirkel im «Café des Westens» kennengelernt, nachdem er gerade mit seinem ersten lyrischen Flugblatt «Morgue» Aufsehen erregt hatte.

Else hatte Benns einmalige Größe als Dichter sofort und als eine der ersten herausgespürt. Unermüdlich empfahl sie ihn sogleich Berliner Verlegerfreunden: «Jeder seiner Verse ein Leopardenbiß, ein Wildtiersprung. Der Knochen ist sein Griffel, mit dem er das Wort auferweckt.»

Eine leidenschaftliche Liebe ergriff sie für diesen jungen Dichter, der einst neben ihr als der größte Lyriker dieses Jahrhunderts dastehen würde. Mit ihm hoffte sie die Welt zu erobern oder gar «Stern um Stern ein anderes Weltall» aufzubauen.

Aber sie, die die Welt «überall brennen sah vor Liebe», scheiterte an der Diamanthärte und Kälte dieses Dichterfreundes, der selbst ihren glühendsten Liebesversen nur antworten konnte: «Laß deine Blüten nur verblühen. Mein Weg flutet und geht allein... Mein Blut ist Asche.»

Wie kaum ein anderer Dichter glaubte Benn an eine monologische Existenz, verteidigte er sie selbst gegen den größten Ansturm von Liebe einer durchaus ebenbürtigen Frau, einer durchaus ebenbürtigen Dichterin.

Weil ihm poetische Einsamkeit wichtiger war als alles andere, vertat, verspielte er eine einmalige «Sternstunde der Liebe». «Nihilismus und Musik» im Herzen, wie Benn es selbst beschrieben oder analysiert hat.

Wohl nie hat Else Lasker-Schüler den Geliebten gefunden, der ihrer Liebesintensität und Weltsicht gemäß war.

In einem späteren Gedicht, das an einen anderen Menschen gerichtet ist, faßt sie ihre irdische Liebeserfahrung mit den folgenden, tief enttäuschten Worten zusammen:

Und ich habe dir doch von großen Sternen erzählt,
Aber du hast nur Erde gesehen.

Warum hast du nicht um mich
Die Erde gelassen – sage?

Uns will scheinen, daß die Dichterin nie einen Stern-Ebenbürtigen unter den Menschen dieser Erde fand. Einen, der ihretwegen, ihrer einzigartigen Liebe wegen, diese Erde verlassen und mit ihr den Weg zurück zu den Sternen gesucht hätte. Es gab ihn nicht. Nur Annäherungen, nur Träume vom Absoluten. Nicht die absolute Liebe selbst, die große, einmalige «Himmelfahrt», die sie so oft ersehnt und begehrt hatte.

So kurz und unerfüllt all ihre vielen Verliebtheiten oder auch kurz aufflammenden Lieben waren, sie erfüllten doch ihre Funktion im Leben der Dichterin, nämlich sie im Geist der Liebe zu erhalten – einer fortwährenden Liebesvibration ihres Lebens –, ohne die ihre im tiefsten dialogische Existenz undenkbar gewesen wäre.

Wir Nachlebenden aber sind um einen Ozean bereichert, einen Ozean von Liebeserschütterung und Dichtung der Liebe.

Junge Leiden in Hamburg

Wenn wir an die Giganten romantischer Liebe zu Beginn des 19. Jahrhunderts denken, Giganten der Liebe wie Goethe, Friedrich Schlegel, Novalis und Hölderlin, müssen wir auch den Dichter Heinrich Heine mit einbeziehen, der während seines Lebens von 1797–1856 alle Formen hoher und niederer Liebe bis hin zur «Emanzipation des Fleisches» ausgekostet und dichterisch in Lied oder Prosa verewigt hat.

Zahllose Briefe Heines bezeugen eine kindliche, schwärmerische Liebe für seine Mutter, die er bis an sein Lebensende verehrte und der er schon früh eines seiner aufschlußreichsten «Liebes»-Sonette widmete, in dem er sie pries als die beste aller Geliebten.

Mehr noch liebte er jedoch von frühester Kindheit an seinen Vater, den Düsseldorfer Kaufmann Samson Heine, dessen er mit einer Fülle feiner Details noch in den letzten Jahren seines Lebens in seinen «Memoiren» gedenkt. Was er am meisten an diesem Vater liebte und bewunderte, war «eine grenzenlose Lebenslust... er war genußsüchtig, frohsinnig, rosenlaunig. In seinem Gemüthe war beständig Kirmeß... Immer himmelblaue Heiterkeit und Fanfaren des Leichtsinns...».

Auch rühmt er an ihm, daß er als Mann «das schönste Haar, das man sich denken kann, besaß. Es war blond, fast golden und von einer Weichheit, wie ich sie nur bei chinesischer Flockseide gefunden».

Auch sei er ein Mensch der größten «Seelengüte» gewesen, mit einem Wort: «Er war von allen Menschen derjenige, den ich am meisten auf dieser Erde geliebt.»

Dies bekannte Heine wohlgemerkt zwei Jahre vor seinem Tod. Zu dieser späten Zeit seines Lebens mag er vielleicht vergessen haben, daß er in seiner frühsten Jugend zwei weitere Menschen seiner nächsten Verwandtschaft mehr als alles sonst auf der Welt geliebt hatte.

Es handelt sich um seine Schwester Charlotte und um seine Kusine Amalie Heine, die beide, ineinander verschwimmend, die «Hauptliebe» seines Lebens wurden, wobei die anfangs glühende Liebe zur Schwester schließlich in zärtlich lebenslanger Freundschaft verebbte, während die Liebe zu Amalie, in einer Hoch-Zeit des Liebens auflodernd, nach nur drei Monaten in einer Liebeskatastrophe endete, die Heines ganzes Wesen in Aufruhr versetzte, ihn aber auch zu dem Dichter werden ließ, der Weltruhm erlangte. Und der uns noch heute mit seinem «Buch der Liebe», aus dieser «Sternstunde der Liebe» hervorgegangen, zu erregen und zu erschüttern vermag.

Wenn wir Heines Kindheits- und Jugendliebe zu Charlotte, seiner drei Jahre jüngeren Schwester, betrachten, die von früh auf sein liebster Spielkamerad war, so kommen wir – einiger Gedichte und später an sie gerichteter Briefe wegen – zu der Überzeugung, daß sie es war, die Heines frühste sinnliche Liebesgefühle nicht nur erweckte, sondern auch schon zu höchster Flamme angefacht hat. Diese Tatsache ist wenig bekannt, läßt sich aber sehr wohl aus einigen frühen Gedichten Heines ableiten und damit belegen.

Wir denken hier besonders an das äußerst aufschluß-reiche «Nachlese»-Gedicht zu den «Jungen Leiden», «Die weiße Blume» genannt, das wohl eine unglaubliche und heimliche «Sternstunde» früher Geschwisterliebe zum Ausdruck bringt und sogar verherrlicht.

Da dieses Gedicht in seiner erotischen Aussage sehr wichtig ist für jedes tiefere Verständnis von Heines weiterer Liebesentwicklung, wird es hier als Ganzes aufgeführt:

In Vaters Garten heimlich steht
Ein Blümchen, traurig und bleich;
Der Winter zieht fort, der Frühling weht,
Bleich Blümchen bleibt immer so bleich.
Die bleiche Blume schaut
Wie eine kranke Braut.

Zu mir bleich Blümchen leise spricht:
«Lieb Brüderchen, pflücke mich!»
Zu Blümchen sprech' ich: Das thu' ich nicht,
Ich pflücke nimmermehr dich;
Ich such' mit Müh und Noth
Die Blume purpurroth.

Bleich Blümchen spricht: «Such' hin, such' her,
Bis an deinen kühlen Tod,
Du suchst umsonst, findst nimmermehr
Die Blume purpurroth;
Mich aber pflücken thu'
Ich bin so krank wie du.»

So lispelt bleich Blümchen, und bittet sehr –
Da zag' ich und pflück' ich es schnell.
Und plötzlich blutet mein Herze nicht mehr,
Mein inneres Auge wird hell.
In meine wunde Brust
Kommt stille Engellust.

Es ist ein äußerst eindrückliches und erschütterndes Gedicht, obgleich es von Liebeserfüllung und nicht etwa von Entsagung oder Liebesschmerz spricht. Es spiegelt das ganze frühe erotische Begehren und Erleben des Dichters wider, seine Suche nach der «Blume purpurroth», der erlaubten, nicht inzestuösen, offen und glühend blühenden Liebe, die jedoch von der Schwester, dem «bleichen Blümchen» – das er andernorts auch die «Lilie meiner Liebe» nennt – wie verwünscht oder gar verflucht wird: «Du suchst umsonst, findst nimmermehr die Blume purpurroth.»

Wenn wir dem weiteren Verlauf des Gedichttextes folgen, ist es das bleiche und traurige Blümchen, die so viel jüngere Schwester, die den Bruder zum Lieben verführt und ihm erste Seligkeiten frühesten Liebesgenusses vermittelt, die Heine bezeichnenderweise am Ende des Gedichts «Engellust» nennt: ein erregendes und zu gleicher Zeit ihn auch tief beruhigendes Gemisch aus religiöser Inbrunst und sinnlicher Verschmelzung.

Als sich nämlich dieses Gedicht im Leben des jungen Dichters «ereignete», war er, noch in Düsseldorf, seiner Geburtsstadt, obwohl jüdischer Herkunft, ganz einem weihevollen, innigen Katholizismus hingegeben, der seiner Einbildungskraft nicht nur Engel, sondern, was noch wichtiger ist, auch das Bild einer liebreizenden «Madonna» bescherte.

Wie ein machtvoller Archetyp erfüllt das Bild der «Madonna» die frühsten Jugendjahre Heines.

Nur eine «Madonna» möchte er lieben und besitzen; oder aber ein weibliches Wesen, das wie eine «Wassernixe» wäre, die ebenso eindringlich die Phantasie seiner Jugendzeit beherrscht.

Heines Schwester Charlotte war wahrscheinlich in ihrer Person eine Mischung aus diesen beiden ätherisch-verführerischen Archetypen und darum fast unwiderstehlich für den werdenden Dichter.

Noch in viel später an sie gerichteten Briefen erscheint sie ihm als diese Madonna-Wasserfee, deren «süßes Wesen» ihn zu Ausdrücken schmelzendster Zärtlichkeit hinreißt. So nennt er sie etwa in einem Brief vom 6. 11. 1823 sein «gutes, liebes durchsichtiges Kind», dessen kleine «Allabasterpfötchen» er sich zu küssen sehne.

Einen wahren Liebesbrief sendet er ihr im gleichen Jahr, wenn er an sie schreibt: «Ich liebe Dich unaussprechlich und schmachte danach, Dich mahl wiederzusehen; giebt es doch niemand auf der Welt, in dessen Gesellschaft es mir wohler zu Muth wäre, als in der meiner Schwester. Wir verstehen uns so gut, wir allein sind vernünftig, und die ganze Welt ist meschugge.»

Diese Liebessprache, seiner Schwester gewidmet, hält an und steigert sich sogar noch, als Charlotte längst einen Freund Heines geheiratet hatte und als Frau Embden, mehrere Kinder erwartend und zur Welt bringend, in Hamburg lebte.

Sie war und blieb, was Heine von frühster Jugend an in ihr gesehen und bewundert hatte, ein süßes, liebliches, ihn ganz berückendes Frauenwesen. Madonna und Nixe in einer Person, die ihm eine Zeitlang Verzauberung all seiner Sinne und Geisteskräfte schenkte. Auch war sie ihm das Vorbild alles dessen, was einzig er in einer jungen Frau zu lieben hoffte, wo immer er der «purpurrothen Blume» nichtschwesterlicher Liebe eines Tages begegnen würde.

Und dieser Tag kam nur zu bald.

Er war erst sechzehn Jahre alt, als er ihr, dieser lang erträumten «Blume», zum ersten Mal begegnete.

Nichts Konkretes, keine detaillierte Beschreibung ist überliefert von Heines erstem Besuch bei seinem Onkel Salomon Heine in Hamburg. Hier im Hause dieses Onkels, der herrlichen Villa in Ottensen, sah Heine seine Kusine zum ersten Mal: Amalie, die verwöhnte Tochter Salomons, die, «diamantenblitzend», sogleich seine Sinne gefangennahm.

Auf den ersten Blick muß Amalie seiner Schwester Charlotte frappant ähnlich gesehen haben. Dieselbe ätherisch-schlanke Gestalt, dieselbe nixenhaft gleißende verführerische Schönheit, dieselbe schmelzende Süße des Wesens.

Wie eine Erlösung muß es über ihn gekommen sein, seine glühende Schwesterliebe nun auf diese Kusine übertragen zu können, die fast ebenso alt war wie Charlotte.

Augenblicks verliebt er sich in sie und erwählt sie zu seinem «goldenen Stern», der ihn schon zwei Jahre später, und diesmal für einige Jahre, nach Hamburg zurücklocken wird.

Denn nur dem Anschein nach war der nun Achtzehnjährige Anfang Juni 1816 von Düsseldorf aus nach Hamburg aufgebrochen, um das Bankwesen bei seinem dortigen Millionäronkel zu erlernen; was ihn in Wirklichkeit – und sehnsüchtigstem Traum – vom Rheinland fort in den Norden zur Hansestadt trieb, war vielmehr eben diese schon zwei Jahre vorher sich anbahnende, aber überaus geheimgehaltene Liebe zu Amalie, Salomon Heines dritter Tochter.

Die «Sternstunde» ihres Wiedersehns und Liebens dauerte nur drei Monate, obgleich sich Heine und Amalie danach dann und wann noch eine Zeitlang trafen und miteinander verkehrten.

Was sich in diesen kurzen, aber entscheidenden drei Monaten zwischen den beiden ereignete, hat uns Heine nirgendwo direkt erzählt und auch in Gedichten nur sehr verhüllt ausgesprochen.

Eigentlich sagen nur zwei, die beiden frühsten Briefe Heines etwas über das ungeheure Psychodrama dieser Liebe aus, über deren Aufblühen und ekstatische Epiphanie wir fast nichts direkt erfahren, deren Zerfall, «Verrat» und Verlust der Dichter dagegen in seinen frühen Dichtungen und «Liedern» – und noch in seinen Altersschriften – schmerzlich «zu Tode» sang.

Als ein hoffnungsvoller «frommer Sänger» hoher «Minne», romantischem Träumen gänzlich hingegeben, war Heine in Hamburg eingetroffen, das Wunder erwartend, die Liebe zu seiner zwei Jahre jüngeren Kusine, die er fast mystisch verehrte, in Erfüllung gehen zu sehen.

Die ersten uns erhaltenen Worte Heines in bezug auf Amalie Heine, die er «Molly» nannte, finden sich in seinem Brief vom 6. Juli 1816 aus Hamburg an seinen Schulfreund in Düsseldorf: «Freu Dich, Freu Dich: in 4 Wochen sehe ich Molly. Mit ihr kehrt auch meine Muse zurück. Seit 2 Jahr hab ich sie nicht gesehen; Altes Herz was freust Du dich und schlägst so laut!»

Diesem Brief nach wird Heine Amalie-«Molly» also im August 1816 zum ersten Mal wiederbegegnet sein. Aller Wahrscheinlichkeit nach sah er sie wohl im Herbst des Jahres in ihrem Elternhaus, dem luxuriösen «Schloß» Salomon Heines hoch über der Elbe gelegen, in dem sich zu der Zeit die kulturelle Elite Hamburgs traf.

Wie uns ein sehr frühes Gedicht Heines verrät, sah er seine «Madonna» wohl dort im «schmucken Saal», aber nun verwandelt in eine «liebliche Maid ganz ohne Glorienstrahl», ihm zulächelnd mit kindlicher Freude.

Er ist von ihrem Lächeln, ihren Augen, ihrer freundlichen Zuwendung wie berauscht.

Obwohl er nur ein armer Verwandter des überaus wohlhabenden Bankieronkels ist, macht er sich im geheimen doch schon Hoffnung, Amalies Liebe gänzlich für sich zu gewinnen und den Onkel zu überzeugen, daß er der einzig berechtigte zukünftige Bräutigam dieser Tochter sei.

Ganz gibt er sich diesem Hoffen hin, wie wir es besonders einem seiner frühsten Gedichte entnehmen können. In diesem schwelgt seine Phantasie wieder in ihren beliebtesten Bildern. Er erlebt seine Liebste – Amalie – wiederum als «Meerjungfrau», die ihn nächtens in seiner armseligen Behausung «im rauschenden Wellenschaumkleide» aufsucht, wobei ihre «Äuglein» mit «süßer Gewalt» grüßen, und sie sich beide in die Arme sinken. Bald darauf nimmt sie ihn in ihren «kristallenen Wasserpalast» mit, wo ihm fast die Augen erblinden vor all dem «Glanz und Geflitter». Dort hält ihn die Nixe «gar traut umarmt» und – höchste Erfüllung all seines

kühnsten Wünschens und Hoffens – er sieht sich, den
«blöden Ritter», als Bräutigam und die gleißende «Nixe»
als Braut...

Doch plötzlich durchfährt es ihn wie ein Schlag, er
erwacht und findet sich wieder «ganz einsam zu Hause,
in dem düstern Poetenstübchen».

Schmerzlich wird er sich wieder seines sozialen Ab-
stands von seiner Geliebten bewußt. Denn er lebte ja
keineswegs schon mit ihr zusammen in ihrem «Schloß»,
sondern mietete wie ein sehr gewöhnlicher Bürger ein
Zimmer in der Innenstadt Hamburgs.

Dennoch träumt er weiter, dennoch dichtet er weiter.
Es finden sich aber kaum glückliche Aussagen unter
seinen frühen Liebesgedichten.

Als hänge ein Fluch über seinem Lieben Amalies,
kann er nur düster-schmerzliche Klänge finden, von
Todessehnsucht gespenstisch durchzogen.

War er von irgendeiner sich selbst erfüllenden Prophe-
zeiung programmiert, nur unglücklich und unerfüllt
lieben zu können, verschmähte er unbewußt eine posi-
tive Lösung seines Liebesdilemmas?

Aber noch sah alles rosig aus. Amalie schien seine
Liebesbezeugungen vorerst durchaus zu erwidern.

Zwei Sonetten und einer weiteren Briefaussage Heines
nach können wir folgern, daß sie ihm zu Anfang in einer
Weise entgegenkam, die ihn glauben ließ, daß sie ihn
allen anderen jungen Männern vorzog, die sie ebenfalls
hofierten, und deren es nicht gerade wenige gab. Ihrer
Schönheit und wohl auch ihres Reichtums wegen wurde
sie von vielen umschwärmt.

Dennoch beschreibt das erste der beiden erwähnten
Sonette die eine und wohl einzige «Sternstunde der

Liebe», die ihrem so kurz nur blühenden Beisammensein gewährt wurde. Sie muß sich im Landhaus in Ottensen zugetragen haben in einer Abendstunde, die einmal nicht den glänzenden Festen, sondern nur ihnen allein gehörte.

Das Gedicht selbst schildert die Ereignisse dieser Stunde am besten:

Sie sitzt am Arbeitstisch, im roten Mieder,
Und Stille herrscht in ihrer sel'gen Runde.
Doch plötzlich springt sie auf vom Stuhl, und schneidet
Von ihrem Haupt die schönste aller Locken,
Und gibt sie mir, – vor Freud' bin ich erschrocken.

Heines berühmter Brief vom 27. Oktober 1816, den wir noch näher betrachten müssen, bestätigt in Prosa die ungeheure Wichtigkeit, die diese Liebesgabe Amalies für den Achtzehnjährigen bedeutete.

Der Brief bezeugt zudem, daß diese Locke Amalies nicht Traum und Phantasie, sondern realste Realität war. Heine trug sie wahrscheinlich jahrelang wie eine Art höchster Auszeichnung auf seiner Brust, als das fast einzige «Zeichen» ihrer Liebe, das sie dem Dichter je gab. Im Brief schreibt er daher: «Auf die nackte Brust hängt eine schwarze eiserne Kette, und daran, gerade wo das arme Herz schlägt, hängt ein viel und scharfzakiges schwarzes eiserne Kreutz, darin liegt M--s Locke. Hu! das brennt!---»

Die zweite «Sternstunde» dieser Liebe muß sich ereignet haben, als Amalie ihm «den schönsten Kuß» auf seine Lippen drückte, der ihm zeitlebens «brennen» wird.

Einen Kuß, flüchtig, aber verheißungsvoll gegeben,

und eine Locke… mehr hatte er nicht, woran er sich klammern konnte, um darauf das schöne «Kartenhaus» lebenslänglicher Zuneigung und Treue Amalies aufzubauen. All sein Hoffen knüpfte er an diese beiden Liebesbeweise. Daneben gab es kleinere Zeichen ihrer Gunst: Manchmal reichte sie ihm ihre Hand, und zusammen müssen sie in den weitläufigen Gärten des Landhauses bei Ottensen herumgelaufen sein, wie Heine sich noch in seinen letzten Lebensjahren erinnert. Ein «sphinxgezierter Marmorbrunnen» fällt ihm dabei wieder ein, eine endlose Reihe von Rosenbüschen, auch sieht er eine Allee und schließlich eine Terrasse, wo «die Wellen der Nordsee» bei Flut «tief unten am Gestein zerschellen». Auf dieser Terrasse hatte er oft nächtelang gestanden, zum Fenster seiner Liebsten hinaufschauend, in der Hoffnung, sie noch einmal «in all ihrer leuchtenden Schönheitsglorie» zu erblicken.

Dies waren die realen Kulissen des Hamburger Landhauses von Salomon Heine, vor denen sich die wenigen Momente der Seligkeit seiner Liebe abspielten, bevor sich dieses glänzende und so glückhaft scheinende «Theaterstück» seiner frühsten Jugend wie über Nacht in die dunkelste und verzweiflungsvollste Tragödie umwandelte, von der uns der zuvor erwähnte Brief Heines von 1816 mit elementarer und wahrhaft niederschmetternder Wucht Auskunft gibt.

Drei Monate lang war er in der «einseitigen Liebe zu einer Einzigen» wie ein «Monotheist der Liebe» aufgegangen, nur, um mit dem Aufschrei: «Sie liebt mich nicht…» aus der großen Illusion aufzuwachen und den Stern dieser Liebe in den Abgrund stürzen zu sehen.

Noch einmal faßt er in einem Satz zusammen, was vielleicht die Essenz seines Liebeserlebnisses war: «Betäubend umnebelte mich der Duft ihrer Nähe...»

Der junge Dichter schien gefunden zu haben, was einzig er – außer der «weißen Lilie», seiner Schwester – lieben konnte und wollte: die «purpurrothe Blume», die Rose, die mit ihrem Duft die Welt berauscht, die «Nixe», die ihn mit ihren «meergrünen» Augen anlachte und an deren Seite er lebenslang «fromm und glücklich» zu werden gehofft und geträumt hatte.

Aber – diese «Nixe», diese Amalie, war kein schwesterlich «süßes Wesen», wie er es sich gedacht hatte. Drei Monate lang hatte er sich von ihrer äußeren, gleißend schönen Erscheinung blenden lassen, ohne sich im geringsten um ihren Charakter gekümmert zu haben.

Plötzlich aber fiel es ihm wie Schuppen von den Augen, und er erkannte, daß diese liebliche Nixe, seine Kusine, nur kalt berechnend mit seiner Liebe – und damit mit ihm selbst – gespielt hatte, nichts, aber auch gar nichts empfindend von den Gluten, die sein Herz überwältigt hatten.

Was löste diese wahrhaft katastrophale Einsicht aus? Amalie hatte die größte Sünde begangen, die man einem jungen, werdenden Dichter gegenüber begehen kann: Sie hatte die Liebesgedichte, die er ihr zu Füßen legte, lächerlich gemacht, ja verspottet, was einer Vernichtung seines ganzen Wesens und Seins ähnlich kam.

Er erkannte, daß dieses junge Mädchen in ihrer verführerischen Schönheit nichts als eine leere Hülle des Schönen war, hinter der sich nur eisige Gefühlskälte und zerstörerische Bosheit verbargen.

Und damit entpuppte sich die liebliche, Seligkeit verheißende «Nixe» als todbringende «Lorelei», oder, wie er es nun auch sieht, als «Sphinx», deren «Tatzen» ihn «gräßlich verwunden».

Hatten ihm die einst so geliebten «Allabasterpfötchen» seiner Schwester die Illusion gegeben, daß alle jungen Frauen dergleichen besitzen müßten? Oder doch zumindest ihre Kusine?

Und nun die Erkenntnis, daß er sich in diesem Glauben grundlegend getäuscht hatte:

O süßes Frätzchen, wunderschönes Mädchen!
Wie konnte mich dein klares Äuglein täuschen?
Wie konnt' dein Pfötchen mir das Herz zerfleischen?

ruft er Amalie noch in späteren Jahren zu, nachdem sie ihn und seine Traum- und Liebeswelt schon lange fast restlos entzaubert hatte. Bittere, zynische Töne einer großen – zerstobenen – Illusion sind von 1816 an der Schmerzenslaut seiner Dichtungen.

Wir wissen nicht genau, ob Heine in seinem «Buch der Lieder» seine «unmögliche» Liebe zu seiner Schwester oder die seiner Kusine Amalie dargebrachte leidenschaftliche Liebe beweint und zu Grabe trägt.

Was wir wissen ist, daß diese beiden – ineinander verschwimmenden – Lieben mit gleicher Intensität sein ganzes jugendliches Fühlen überfluteten, und daß Wellen dieser elementaren Erschütterung selbst noch letzte Tage seines Lebens und Dichtens mit großer Gewalt überspülten.

«Ein schöner Stern, der schönste von allen, fiel vom Himmel herab», schrieb Heine noch in einer späten

Prosaschrift über das Verlöschen dieser Leidenschaft und seine äußerste Desillusionierung durch seine Geliebte, die er nie verwand.

Von nun an gehen Liebe und Tod für Heine Hand in Hand. Fast glaubt er – sich anlehnend an uralte jüdische Weisheitssprüche –, daß höchste Liebe, höchstes Glück, notwendigerweise zu tiefstem Absturz führen müssen.

Rausch, Ekstase, Erleuchtung machen schuldig, müssen bezahlt werden, nicht nur mit dem Verlust dieser höchsten Güter, sondern zuletzt sogar noch mit dem Leben selbst.

Das hatte er vom Schicksal erwartet. Und darum erfüllte sich gerade an ihm dieses Gesetz.

Auch auf den Ort, in dem sich sein Liebesdrama abspielte, übertrug Heine dieses fatalistische Gesetz: Als er Hamburg 1819 verließ, als er nicht nur eine verlorene Liebe, sondern auch eine mißglückte kaufmännische Ausbildung zu verschmerzen hatte, nannte er diese Stadt in seinem berühmten Abschiedsgedicht im selben Atemzug «Schöne Wiege» und «Schönes Grabmal»...

Leben und Tod auch hier.

Heines legendäre Liebe zu der schönen, hochmütigen – oder auch nur verblendeten – Millionärstochter, seiner Kusine Amalie, hat das Hamburg seiner Zeit selbst legendär werden lassen.

Die «Legende» dieser Liebe wird auch weiterhin ihre Strahlen über Hamburg werfen, ganz gleich, ob wir ihre «Realität» anerkennen oder anzweifeln – wie manche Biographen und selbst einer der Brüder Heines.

Die Legende – oder aber Realität – dieser «Sternstunde der Liebe», wie wir sie sehen, wird bleiben und weiterwirken, solange es noch Menschen gibt, denen, wie Heine selbst, die «sieben Siegel vom roten Buch der Liebe» immer noch, trotz aller gelegentlichen Desillusionierungen, «urgeheimnisvoll» sind.

Mit Detlev von Liliencron, einem hamburgischen Nachfahren Heines, glauben wir, was auch er glaubte, als er 1899 schrieb: «Das alte, von Heine geschilderte Hamburg wird stets daran partizipieren, daß Heines Name unsterblich ist.»

Und vor allem Heines Liebe, möchten wir hinzufügen.

Was Amalies Liebe angeht, sind wir der festen Überzeugung, daß sie ihren «Cousin» anfangs, ein paar Wochen lang, wahrhaft wiederliebte, bald darauf jedoch Angst bekam vor der düster-leidenschaftlichen Besessenheit des jungen Dichters von ihr, die gar zu sehr vom Benehmen anderer junger Männer innerhalb ihrer elegant-reservierten Lebenswelt abstach.

Hauptsächlich darum wohl zog sie sich von ihm zurück. Auch mag sie erfahren haben, daß «Harry» – wie Heine genannt wurde – kein allzu erfolgreicher Kaufmann oder Bankier zu werden versprach und auch von dieser Seite betrachtet keine gute Partie für sie war.

Wie Heine selbst später über seine ersten Hamburger Jahre schrieb, gefiel es ihm tatsächlich besser, vor dem Alsterpavillon zu sitzen als im Büro zu arbeiten. Stundenlang habe er dort Kaffee getrunken und dabei den jungen Mädchen auf dem Jungfernstieg zugeschaut, was ihm das größte Vergnügen machte, ihm jedoch von seiten der Familie seines Onkels – und besonders von Amalie – den Spottnamen eintrug, daß er ein «Windbeutel» sei, aus dem wohl nie etwas Brauchbares werde.

Die Schockwellen dieser Einschätzung seines Charakters müssen ihn jahrelang erschüttert, aber auch zu höchsten dichterischen Leistungen angetrieben, ja angestachelt haben, wie wir dem einzig erhaltenen – oder überhaupt je geschriebenen – Brief Heines an Amalie entnehmen können.

Dieser Brief stammt bezeichnenderweise erst aus dem Jahr 1829, als Heine schon ein erfolgreicher und angesehener Dichter und Amalie längst mit einem andern Mann verheiratet war.

Da er ihr mit diesem Brief zu gleicher Zeit einen Band seines 1827 veröffentlichten «Buch der Lieder» sandte, konnte er ihr nun fast triumphierend zurufen: «Endlich, Cousine, bin ich kein Windbeutel mehr...».

Wir wissen nicht, was Amalie ihm auf diesen Brief geantwortet hat und ob sie ihn je als ihresgleichen – oder auch nur als einen großen Dichter – akzeptierte. Wir wissen nur, daß fast zweihundert Jahre nachfolgender Geschichte Heine in dieser seiner jugendlich-triumphierenden Selbstbeurteilung Recht gegeben haben. Noch Nietzsche stimmte diesem Werturteil bei, als er 1888 in «Ecce Homo» schrieb: «Den höchsten Begriff vom Lyriker hat mir Heinrich Heine gegeben. Ich suche umsonst in allen Reichen der Jahrtausende nach einer gleich süßen und leidenschaftlichen Musik...».

Entfesselte Leidenschaft in Düsseldorf

Nachdem seine Bemühungen, in Leipzig oder Dresden eine Stellung als Dirigent zu finden, gescheitert waren, trat Robert Schumann im September 1850 in Düsseldorf das Amt des Städtischen Musikdirektors an, das er bis zum Februar 1854, als er sich in einem Anfall von Schwermut in den Rhein stürzte, mit «größter Lust» ausüben sollte, vor allem, da diese neue Position ihm genügend Zeit zum Komponieren ließ, was für ihn das Wichtigste im Leben war.

Gleich in den ersten Düsseldorfer Monaten entstanden mit dem Cellokonzert und der Dritten Symphonie, der «Rheinischen», zwei seiner später beliebtesten Kompositionen. Beide Werke waren aus einer Weißglut schöpferischer Inspiration hervorgegangen, die seiner Frau, Clara, fast unheimlich erschien.

Sie selbst hatte seit frühester Jugend hauptsächlich Musik fürs Klavier komponiert, nie jedoch mit der Geschwindigkeit, mit der Robert selbst Werke höchster musikalischer Komplexität zu Papier brachte.

Wenn sie ihr Komponieren mit seinem verglich, hatte sie manchmal fast geglaubt, sie hätte keinerlei Talent, so beeindruckt war sie von dem Tempo, mit dem ihr Mann seine Werke schuf.

Das Cellokonzert hatte er innerhalb nur einer Woche im Oktober vollendet, um sich dann sogleich der Es-

Dur-Symphonie zuzuwenden, die seinem Gehirn wie in einem Exzeß schöpferischer Energie in den folgenden vier Wochen entsprang.

Es machte ihr Sorge, daß er so fieberhaft produzierte und noch dazu ihr nicht sagen wollte, woran er gerade arbeitete.

Letzthin hüllte er sich ihr gegenüber mehr und mehr in Schweigen. Ihr schien, als wolle er sie damit von seinen schöpferischen Prozessen ausschließen und sie nurmehr dazu verdammen, ein Kind nach dem anderen zur Welt zu bringen, als ob ihr eigenes künstlerisches Begehren und auch ihre Karriere als Konzertpianistin damit am nachdrücklichsten ausgelöscht werden könnten.

Im Frühjahr 1851, in dem die Spannungen zwischen Robert und ihr fast zum Crescendo angewachsen waren, stellte sie fest, daß sie wieder einmal schwanger war – mit ihrem siebten Kind!

Sie konnte es nicht fassen. Fast schien es ihr, als haßte Robert sie, und wahrscheinlich nur, weil sie nicht für immer die zarte sechzehnjährige «Kindfrau» geblieben war, in die er sich einst so schwärmerisch verliebt hatte und um die er jahrelang hatte kämpfen müssen, da ihr Vater, der nur für sie und ihren zukünftigen Weltruhm als Pianistin lebte, sie nicht hergeben wollte, vor allem nicht an das «wilde Genie» Robert Schumann, an dessen «Feuern» sie nur verbrennen könne.

Hatte Robert sie nicht am glühendsten geliebt in jenen Jahren, als sie noch «unerreichbar» für ihn war, die blutjunge Künstlerin, von ihrem Vater bewundert und bewacht wie ein Schatz, den man nur unter Einsatz seines Lebens erringen konnte, wenn überhaupt?

Damals hatte er Kompositionen wie die fis-Moll- und

die g-Moll-Sonaten einzig für sie geschrieben, um seine Sehnsucht, sein brennendes Verlangen nach ihr in Töne zu fassen, um ihr Herz zu bewegen, um sie endlich ganz für sich zu gewinnen.

Jetzt war es ihr, als komponiere er gegen sie an. Die einzige Schöpferkraft, an der er sie noch teilnehmen ließ, war ins rein Physische abgesunken, in sexuellen Exzeß, der ihr ein Kind nach dem anderen aufbürdete, während ihr Künstlertum, ihre Sehnsucht auf Reisen zu gehen und irgendwo in der weiten Welt Konzerte zu geben, darunter zu verkümmern drohte.

Am meisten aber bedrückte es sie, daß sie nicht länger die einzige Vertraute seines Herzens und Schaffens war.

Wie schon vor ihrer Verlobung im Jahre 1837, öffnete Robert in den letzten Monaten sein innerstes Wesen wiederum lieber jungen Männern als ihr. Sie durften ihn jederzeit unangemeldet in seinem Arbeitszimmer aufsuchen, während er seine Tür vor ihr und den Kindern streng verriegelt ließ.

Fast war sie eifersüchtig auf den neuen Konzertmeister des Düsseldorfer Orchesters, Wilhelm Joseph von Wasielewski, mit dem zusammen Robert oft stundenlang Zigarren rauchte oder spazierenging, ohne sich von diesem auch nur im geringsten in seiner schöpferischen Arbeit gestört zu fühlen.

Täglich erkannte sie tiefer, daß Robert nicht zum Ehemann und noch weniger zum Familienvater taugte. Ihr eigener Vater, der alte Wieck, hatte recht gehabt, nun sah sie es endlich ein: Robert würde immer nur sich selbst und seiner Musik leben, umringt und angebetet von anderen jungen «Genies» oder «Sonnenjünglingen» wie Wasielewski oder Joseph Joachim, dem virtuosen

Violinisten, zu dem er gleich beim ersten Kennenlernen eine Beziehung fand, die ans Magische grenzte – ja, gerade die Beziehung, die zwischen ihr selbst und Robert, seit wie vielen Jahren schon, täglich mehr abhanden gekommen war, so daß es ihr nun schien, sie lebe nur noch in einem geistigen Vakuum mit ihm. Und das nach nur dreizehn Jahren einer Ehe, die wie eine «Frühlingssymphonie» begonnen hatte und von vielen ihrer Freunde als nachgerade ideal und beispielhaft empfunden worden war, da sie die Vereinigung zweier gleichgestimmter Künstlerseelen zu sein schien, die alle mit Bewunderung erfüllte.

Mit Robert hatte die damals einundzwanzigjährige Clara einen neun Jahre älteren Mann geheiratet, vielleicht in der Hoffnung, daß er, ihrem Vater ähnlich und seine Stelle vertretend, nur für sie und ihre Zukunft als weltberühmte Konzertpianistin leben würde.

Nur zu bald hatte sie allerdings herausfinden müssen, daß, ganz im Gegenteil, sie ihrerseits für ihren Mann da zu sein hatte, der ohne ihre ständige Fürsorge und Anregung nicht auszukommen schien.

Aber hatte sie wirklich die «Sonnenjünglinge», die ihn seit seiner frühesten Jugend begeistert hatten – und mit denen er auch zeitweilig zusammengelebt hatte –, ersetzen können?

Waren seine leidenschaftlichen Gefühle für sie nicht gerade dann eingeschlafen, als er sie ihrem Vater endlich abgerungen hatte und sie also nicht länger aus der Ferne sehnsüchtig herbeizuwünschen brauchte, da sie sich ja als seine Frau täglich, nächtlich in greifbarster Nähe befand?

Fast beweinte sie, daß die einst so explosive Elektrizität sehnsüchtigsten Gefühls nun zwischen ihnen wie erloschen war, und es half gar nichts, daß sie sich beide noch jede zweite oder dritte Nacht dem Beischlaf ergaben – wie aus Roberts «Haushaltsbuch» hervorgeht – und ein Kind nach dem anderen in die Welt brachten. Ein einmal abhandengekommenes Liebesgefühl war schwer wieder anzufachen.

Auch Robert schien im Nadir seiner Lebens- und Liebesenergie angelangt.

Oft fühlte er sich von fast ans Lethargische grenzender Gefühlslähmung geplagt, die sich auch als Schwermut äußerte und ihn nur zu oft in ein stundenlang währendes Schweigen versinken ließ.

Im vierten Satz seiner letzten Symphonie hatte er, von Todeswünschen verfolgt, sich schon so etwas wie eine eigene Begräbnismusik geschrieben, nur daß niemand davon etwas bemerkt hatte. Er hatte die Todestöne, die sich in jenem Satz seiner Seele entrungen hatten, lediglich als «feierliche Ceremonie» bezeichnet, aber gemeint war damit doch im geheimsten sein eigener überaus dringlich herbeigesehnter Untergang.

Hatte er nicht sein Bestes und Höchstes schon längst in seinen rauschhaften Kompositionen hinterlassen, hatte er sich nicht schon so vollkommen in seiner Musik ausgedrückt, wie es nur einer «Stimme aus großer Ferne», als die er sich nur zu oft fühlte, möglich war?

Ja, und dann Clara, die einst so überaus Geliebte! Warum herrschte nun diese Totenstille alles einstigen Fühlens zwischen ihnen?

Hatte etwa die künstlerische Rivalität zwischen ihnen ihre Liebe füreinander zerstört? Sicherlich auch das. Sie hätte seinetwegen ihre Sucht, Konzerte zu geben, ablegen sollen, nur liebende Frau sein, Hausfrau, Mutter. War das nicht genug? Fast war er auch eifersüchtig, wenn sie wieder einmal mit ihrem leidenschaftlichen Klavierspiel die Welt in einen Rauschzustand versetzt hatte. Nein, sie sollte nicht für alle Welt da sein, nur für ihn. Er wollte sie im tiefsten mit niemandem teilen.

Am meisten aber bedauerte er, daß Clara nicht mehr der jugendliche «Engel» war – so leicht, so ätherisch, so überirdisch –, den er einst in ihr erblickt und so unaussprechlich geliebt hatte.

Nun war sie prosaisch geworden, oft sogar herrschsüchtig, eine wahre Kämpferin für ihre Rechte als Frau und Künstlerin, fast eine Mänade!

Es war sicher besser für ihn zu sterben, als dem langsamen Zerfall seiner Liebe und Leidenschaft zuzusehen und im Nullpunkt allen Fühlens zu ersticken.

Wie die siebzehnjährig verstorbene russische Dichterin Elisabeth Kulmann, deren Todesgedichte er mystisch verehrte, war er bereit, «leicht wie ein Engel von einem Ufer zum anderen» überzusetzen und angelische Musik in höheren Sphären zu vernehmen. Schon hörte er die ersten Klänge einer solchen jenseitigen Musik in seinen Ohren. Töne, die ihn mehr und mehr von dieser Erde fortlockten. Hingerissen lauschte er dieser «Zukunftsmusik» ...

Im Herbst 1852 hatten die Schumanns ein neues, noch heute existierendes Haus an der Bilker Straße, die parallel zum Rhein verläuft, bezogen, das ihr Leben von nun an etwas freundlicher zu gestalten versprach. Hier hatte Clara, zum ersten Mal, seit sie verheiratet war, ein eigenes Musikzimmer bekommen, für das Robert ihr sogar zu ihrem 34. Geburtstag am 13. September 1853 einen ganz neuen Flügel gekauft hatte, so daß sie schon glaubte, es werde sich nun alles zum Besseren wenden.

Waren sie nicht beide noch zu jung, vital und schöpferisch, um in Lethargie zu versinken?

Aber welcher Blitz wäre stark genug, sie gänzlich wachzurütteln und in ihnen neues Leben, neue Lebens- und Liebesenergie zu erwecken?

War ein solcher Blitz, ein solches Wunder überhaupt denkbar?

Clara begann, wieder Konzerte zu geben, die – immer von Erfolg gekrönt – sie dennoch im tiefsten nicht zu erfüllen vermochten.

Was suchte sie nur? Was? Ihre und Roberts Jugend, als sie noch beide so voller Verheißung der Zukunft entgegensahen und mit ihrer Musik und ihrer Liebe die Welt erobern zu können glaubten?

Ihre Jugend – wie schnell sie verflogen war. Viel zu schnell. Robert litt nun schon seit einiger Zeit an höchst eigentümlichen «rheumatischen» Krämpfen, die ihn plötzlich überfallen konnten und ihn danach oft wochenlang «unfähig für alles» werden ließen. Sie nannte dergleichen Anfälle im geheimen «Gehirnaffektionen» und fürchtete mehr und mehr, Robert würde geisteskrank.

Es fiel Clara auf, wie krank er oft aussah, aufgeschwemmt, das Profil des einst so «wilden Genies» nun fast entstellt durch verschwommene Augenlider und ein schlaff herabhängendes Doppelkinn.

Dabei war er im Juni gerade erst dreiundvierzig Jahre alt geworden.

Unbewußt warteten beide auf ein Ereignis wie ein Gewitter, wie ein «Feuersturm», das «presto agitato» eines neuen Lebensgefühls, das sie aus ihrer Lethargie reißen und ihnen noch einmal höchstes Leben – oder aber den Tod – bringen würde.

Hatten beide Ehegatten dieses spannungslösende Gewitter zu heiß ersehnt? Hatten sie es zu ihrer Errettung zu maßlos begehrt? Waren spiritistische Kräfte im Spiel?

Uns scheint es jedenfalls ans Magische zu grenzen, daß dieser ersehnte «Feuersturm» sich dann wirklich schon am 30. September 1853 in der Gestalt eines blutjungen Musikers manifestierte, der gänzlich unerwartet und uneingeladen in der Bilker Straße erschien.

Er hieß Johannes Brahms und wurde der «Blitz», den sie beide ersehnt, ja vielleicht sogar heraufbeschworen hatten.

«Es waltet in jeder Zeit ein geheimes Bündnis verwandter Geister», sollte Robert ein paar Tage später schreiben, nachdem der zwanzigjährige Brahms sein Leben von Grund auf erschüttert und verwandelt hatte.

Obwohl der große Violinist Joseph Joachim den jungen Brahms als «rein wie Demant, weich wie Schnee» gekennzeichnet hatte, brachte seine Musik doch den «Feuersturm», den Claras und Roberts Leben gerade zu dieser Zeit so überaus dringlich brauchte.

Ohne jegliche Hemmung oder Scheu setzte sich der junge Mann – blond, schlank und blauäugig, eine «Mischung aus Jüngling und Mädchen» – bei jeder Gelegenheit an ihren Flügel und spielte einige seiner eigenen Kompositionen, die er mitgebracht hatte, mit solchem Ausdrucksreichtum und solcher Energie, daß beide, Clara und Robert, wie verzückt zuhörten und glaubten, in der Gegenwart eines «Apostels» neuer Bahnen zukünftiger Musik zu sein.

Clara vertraute diese Vision sogleich ihrem Tagebuch an, in das sie schrieb: «Das ist wieder einmal einer, der kommt eigens, wie von Gott gesandt! Es ist wirklich rührend, wenn man diesen Menschen am Klavier sieht mit seinem interessant jugendlichen Gesichte, das sich beim Spielen ganz verklärt, seine schöne Hand, die mit der größten Leichtigkeit die größten Schwierigkeiten besiegt, und dazu nun diese merkwürdigen Kompositionen... Eine schöne Zukunft steht Dem bevor, denn wenn er erst fürs Orchester schreiben wird, dann wird er erst das rechte Feld für seine Phantasie gefunden haben!»

Robert Schumann, viel tiefer noch als Clara von Brahms ergriffen, verkündete es sogleich der ganzen musikalischen Welt Europas, indem er schon drei Wochen später den «berühmtesten Brahms-Artikel aller Zeiten» in der «Neuen Zeitschrift für Musik» veröffentlichte. In diesem feierte er den jungen Brahms fast wie ein messianisches Ereignis. Der junge Musiker sei ein «Berufener», ein «Liebling der Musen», der die Meisterschaft nicht in stufenweiser Entfaltung errungen habe, sondern «wie Minerva gleich vollkommen gepanzert aus dem Haupte Kronios» entsprungen sei.

Seine Musik brause wie ein Strom dahin, der die verschiedensten Quellen zu einem Wasserfall vereinigt habe, über dessen herunterstürzenden Wogen jedoch der friedliche Regenbogen schwebe, von Nachtigallenstimmen begleitet. Die Zukunft gehöre diesem jungen Komponisten, denn mit seinem «Zauberstab» werde er auch eines Tages die größten Chor- und Orchesterwerke schaffen, die die Menschheit je hören werde.

Es erstaunt kaum, daß Brahms nach einem solch euphorischen Empfang gleich mehrere Wochen im

Hause der Schumanns blieb, verehrt und täglich tiefer geliebt von beiden, Robert und seiner Frau.

Beide Eheleute fühlten überwältigt, ohne es sich doch gegenseitig bekennen zu wollen, daß eine einzigartige «Sternstunde der Liebe» ihr Leben ergriffen und im tiefsten aufgewühlt und erneuert hatte.

Beiden war es wie eine Auferstehung nach langer Todesnacht.

Besonders Robert sah in dem jungen Johannes eine «Erscheinung wie von einer anderen Welt», die gekommen war, seine Hoffnungslosigkeit und Verzweiflung zu besänftigen und ihm neues Leben zu geben.

Er sah in ihm einen jungen «Adler», der von höchsten Bergen zu ihm herabgeflogen war, um ihm aufzuhelfen. Er akzeptierte ihn in überfließender Dankbarkeit als seinen Erretter oder besser noch seinen «angelischen Dämon», wie er ihn immer häufiger nannte.

Inspiriert durch die einzigartige Verbindung, die er zu dem jüngeren Musiker hatte, beendete er in kurzer Zeit nicht nur die Orchestrierung seines Violinkonzertes, sondern schrieb auch noch die FAE-Sonate und ein höchst futuristisch anmutendes Stück für Klarinette, Viola und Piano (op. 132), das Spuren davon zeigt, in welch erstaunlicher Weise er sogleich Brahms' Genius in seinen eigenen musikalischen Stil aufnehmen konnte.

Ekstatisch fühlte er sich eins mit dem zwanzig Jahre jüngeren Musiker, als wäre mit ihm seine eigene Jugend zurückgekehrt.

Hatte er nicht selbst einst wie der junge Brahms eine fis-Moll-Sonate geschrieben? War ihnen nicht beiden das Himmelstürmende zu eigen, das rhapsodisch alle Grenzen musikalischen Ausdrucks Sprengende?

Eine fieberhafte Euphorie ergriff ihn. Die Erfüllung aller seiner kühnsten musikalischen Träume war vor ihm in der Gestalt dieses jungen Musikers erschienen.

Nun konnte er einen magischen Kreis schließen – mit sich selbst, mit Brahms und Joseph Joachim. Sein Leben war erfüllt in der Gesellschaft dieser beiden Genies der Musik. Mehr brauchte er nicht. Dieses war der absolute Höhepunkt, nach dem er lebenslang, wenn auch zumeist unbewußt, gestrebt hatte.

Und vor allem mußte Clara nun – nur eine Frau – von diesem Bund der jungen «Dämonen» radikal ausgeschlossen werden, ganz gleich, ob sie selbst eine Komponistin ersten Ranges war oder nicht.

Sie würde das Bündnis dieser Geister, deren Motto das Joachimsche «Frei Aber Einsam» war, mit ihrer Gegenwart nur stören, wenn nicht gar zerstören können! Möge sie von nun an ihre eigenen Wege gehen.

Robert war zu hingerissen von seinen beiden jungen Genie-Freunden, um überhaupt noch auf Clara achten zu können.

Darum bemerkte er auch nicht, daß sie selbst sich in den jungen Johannes verliebt hatte, tiefer und leidenschaftlicher noch als ihr Mann.

Und er bemerkte auch nicht, daß Johannes diese Liebe seiner trotz ihrer vielen Kinder immer noch mädchenhaft gebliebenen Frau erwiderte, zuerst verhalten und wie erschreckt; denn dieses war seine erste Liebe, und ans Lieben hatte er zuvor nicht mit einem Gedanken gedacht.

Allein das Komponieren und Pianospielen hatte ihm bislang im Sinn gelegen, auch lag nichts leichtsinnig Schwärmerisches in seiner norddeutschen Natur, nur ein großer Ernst und das Streben, mit seiner Musik sich seinen Lebensunterhalt zu verdienen, so daß er seiner Mutter nicht mehr zur Last falle, der so sehr geliebten Mutter im fernen Hamburg.

Seine Zuneigung zu Clara steigerte sich noch in dem Augenblick, als er erkannte, daß sie genau vierzehn Jahre älter war als er, was ihn wiederum an seine Mutter erinnerte, die ebenfalls um so viele Jahre älter war als sein Vater.

Er konnte Clara also fast wie seine Mutter lieben, von der er zum ersten Mal in seinem Leben auf längere Zeit getrennt war. Verzweifelt wünschte er daher, von Clara, dieser mütterlichen und dabei doch noch mädchenhaft jugendlichen Frau, akzeptiert und geliebt zu werden.

Ein unaussprechliches erotisches Begehren entfesselte ihre Nähe in ihm, das sich noch steigerte, als er sie Ende Oktober wieder verlassen mußte.

Schon im nächsten Monat, immer noch geistig mit ihr vereint und von ihrem Wesen auch in der Ferne beeindruckt, widmete er seine fis-Moll-Sonate, die er gerade in Leipzig bei Härtel veröffentlicht hatte, Clara, obwohl es doch eigentlich Robert Schumann war, dem er am meisten zu verdanken hatte, da dieser ihn in aller Öffentlichkeit vor kurzem so hoch gerühmt hatte und auch sonst seine Vorliebe für Brahms, ja seine Idolatrie des jungen Komponisten, nur zu offen zur Schau trug.

Täglich beschäftigte sich Schumanns Geist und Phantasie leidenschaftlicher mit Brahms, selbst wenn er von diesem keine Briefe oder Werk-Dedikationen bekam. Ja, der Gedanke an den fernen Jüngling wurde zu einer Besessenheit für ihn.

«Wo ist Johannes?» wurde mehr und mehr seine

ständige Frage. Daß Clara schon wieder schwanger war, trat dagegen für ihn fast gänzlich in den Hintergrund.

Dieser Tage war er ihr fast feindlich gesinnt, während er das Charisma, die Verzauberungskraft des jungen Brahms wie ein Lebenselixier suchte.

Seine Besessenheit von Brahms steigerte sich schließlich zur Psychose, die allerdings schon seit einiger Zeit in ihm angelegt war und auch noch von anderen Krisen in seinem beruflichen Leben ausgelöst wurde.

Er glaubte, nicht mehr ohne seinen «angelischen Dämon» leben zu können, sah aber auch in der Tiefe seines bis zur inneren Zersetzung aufgeregten Bewußtseins, daß diese seine Liebe für Brahms nicht fair Clara gegenüber sei.

Ein scheinbar unlösbarer Konflikt überwältigte seinen Geist mit Angstzuständen, die ihn langsam dem Wahnsinn entgegentrieben.

Als letzten Ausweg sah er in seiner durch vielfältige Schuldgefühle hervorgerufenen Depression schließlich nur noch den Freitod im Rhein, den er am Montag, dem 27. Februar 1854, am hellichten Tage endlich unternahm, um einer Liebe zu entfliehen, die sein ganzes Wesen wie ein Feuersturm erfaßt hatte, gegen den es keine andere Rettung mehr gab als den Tod.

Doch ein solch einfacher Ausweg aus seinem Liebes- und Lebensdilemma war ihm vom Schicksal nicht vergönnt.

Schiffer zogen ihn noch lebend, wenn auch vor Kälte erstarrt, aus dem Rhein und brachten ihn zurück zu seiner Frau und seinen Kindern in der nahegelegenen Bilker Straße 19.

Von nun an begehrte er, in eine «Irrenanstalt» gesandt

zu werden, vielleicht weil er fühlte, nur an einem so entfernten Ort vor den Furien seiner entfesselten Imagination und Lebensgeister Ruhe finden zu können.

Schon am 4. März holte daher eine Droschke den Kranken ab, um ihn, begleitet von zwei männlichen Wärtern, zu einer privaten Heilanstalt in Endenich bei Bonn zu fahren.

«Ich bin Deiner Liebe nicht wert, ich bin ein Sünder», hatte er noch zu Clara gesagt, bevor er bis an sein Lebensende hinter den Mauern der Pflegeanstalt verschwand, wobei Clara ihn zum ersten Mal einen Tag vor seinem Tode, zweieinhalb Jahre nach seiner Abtransportierung aus Düsseldorf, wiedersah. Der Gründe gab es viele, warum sie ihn nicht vorher besuchen konnte. Hatte ihre Ehe nicht längst schon geendet, vornehmlich aber an jenem entscheidenden Tag, als Johannes...

Unverrückt scheint auch Robert der einmal erlebten «Sternstunde» seiner Liebe und Leidenschaft für den jungen Brahms treu geblieben zu sein – bis ans Ende.

In jedem seiner Briefe aus der Heilanstalt erwähnte er ihn, sich immer wieder nach seinem Ergehen und Schaffen erkundigend, wenn er manchmal auch keine Antwort darauf bekam.

Er möchte die Anstalt nur verlassen, um ihn noch einmal «wieder zu sehen und wieder zu hören».

Er war es sogar zufrieden, als er vernahm, daß Brahms, sehr bald schon nach seiner Überführung in die Anstalt, an die Seite Claras geeilt war, um ihr und den Kindern in ihrer Not in Düsseldorf beizustehen, bis Robert zurückkehre...

Was Robert nicht ahnte oder sich nicht vorstellen wollte, war, daß damit auch die «Sternstunde der Liebe» für diese beiden Menschen gekommen war, für seinen «Dämon», seinen liebsten Freund und seine eigene Frau!

Oder hatte Schumann es vielleicht doch im tiefsten geahnt und vorausgesehen, daß er diesem jungen Genie nicht nur musikalisch, sondern auch im Erotischen den Platz räumen müsse, fest davon überzeugt, daß er «abnehmen müsse, damit jener wachse»?

Dies war eine seiner Wahnvorstellungen, die er allerdings so wörtlich nahm, daß er sich am Ende seines Lebens buchstäblich zu Tode hungerte, wie aus dem Krankheitsbericht der Anstalt zu vernehmen ist.

So sehr glaubte er an des Jüngeren aufgehenden Stern, daß er sich selbst vornahm unterzugehen, um den strahlenden Glanz des anderen nicht zu verdunkeln...

Clara aber öffnete sich dem neuen Stern an ihrem finster gewordenen Himmel wie einem Meteor, der ihr eine neue Zukunft oder auch nur Kraft zum Überleben geben könnte.

Kehrte ihr nicht in ihm Robert zurück, als er sie in seiner eigenen Jugend noch ungebrochen liebte und mit dem Höhenflug seiner Musik in den Himmel der Ekstase versetzt hatte?

Nun hieß dieser selbe Liebende «Johannes», und seine Musik sprühte die gleichen Funken, die einst ihr Herz mit immer neuer, heißerer Flamme entzündet hatten.

Aber war Brahms trotz all seiner Liebe und Fürsorge «wirklich»? Oder war er vielleicht doch nur ein «Traumbild», ja eine Halluzination ihrer bis aufs äußerste strapazierten Sinne?

Er war an ihrer Seite, er hob sogar ihr achtes und letztes Kind aus der Taufe, da Robert nicht kommen konnte, er komponierte sein Erstes Klavierkonzert für sie, sie machten ein paar Konzert- und Erholungsreisen zusammen –, und dann, plötzlich, war er nicht mehr da!

Als sie ihn wirklich brauchte, als sie nach Roberts Tod frei war, frei für Johannes und nur für ihn, war er weitergeflogen, fast unauffindbar, und schrieb nur noch wie aus weiter Ferne entfremdende Worte der Trennung, die notwendig geworden sei. Leidenschaften seien wie Krankheiten, die man sich aus dem Herzen reißen müsse, wolle man wieder gesund werden und weiterleben.

Robert hatte doch recht gesehen. Brahms war und blieb bis an sein Lebensende, ein Jahr nach ihrem eigenen Tod, ein «angelischer Dämon», den man nicht binden konnte, der «erschien» und wieder verschwand, wie es ihm beliebte, getreu dem Motto «Frei Aber Einsam», bis ans Ende.

Natürlich blieben Brahms und Clara Schumann trotz der anfänglichen Abkühlung ihres Verhältnisses lebenslang die besten Freunde.

Aber die einzigartige Sternstunde der Liebe war doch mit seiner «Flucht» nach Roberts Tod verklungen.

Brahms nahm sehr bald danach eine Stellung in Detmold an, wo er erst wieder zum eigenen Schaffen zurückfand, von dem ihn seine «Sturm und Drang»-Zeit mit Clara abgehalten hatte. Er brauchte wie andere schöpferische Menschen Ferne und Ruhe – oder gar Einsamkeit –, um sich als Künstler voll entfalten zu können.

Dennoch setzte er seiner Liebe für Clara ein öffentliches Denkmal mit dem folgenden kleinen Vers von Sternau:

Der Abend dämmert, das Mondlicht scheint
Da sind zwei Herzen in Liebe vereint
Und halten sich selig umfangen...

Er bat den Verleger einer seiner Sonaten, diesen «kleinen
Vers über das erste Andante in Parenthese klein setzen
zu lassen».

Klein und versteckt! Aber dennoch ein öffentliches
Bekenntnis, das nur von dem Liebesjubel seines Ersten
Klavierkonzerts noch übertönt werden konnte.

Weimar: Auch eine «Stadt der Liebe»

> So herrsche denn Eros,
> der alles begonnen.
>
> Goethe, Faust II

Beide hatten schon etwa ein Jahr lang voneinander gehört, bevor sie sich endlich in der Abenddämmerung eines trüben Novembertages des Jahres 1775 zum ersten Mal in leibhaftiger Gestalt gegenüberstanden.

Sie hatte schon im Januar des Jahres, von Neugierde überwältigt, Nachrichten von einem befreundeten Arzt über ihn, den sie äußerst erregenden Verfasser von «Werthers Leiden» eingeholt, während er selbst im Juli 1775 einen Schattenriß ihres Kopfes in Händen gehalten hatte, der ihn ebenfalls begierig machte, diese bislang noch Unbekannte einmal persönlich kennenzulernen.

Einer Frau zu begegnen, die alles nur «durchs Medium der Liebe» sehen und erleben könne – wie er ihrem Scherenschnitt entnommen hatte –, davon versprach er sich ein «herrliches Schauspiel». Zudem sah er voraus, daß diese Frau trotz aller Liebenswürdigkeit von «nachgiebiger Festigkeit» sei, wohlwollend, treubleibend und – auch dieses erkannte er schon fast hellseherisch allein aus der Silhouette ihres Kopfes im Profil – daß sie in der Liebe nicht mit Pfeilen, sondern «mit Netzen» siege.

Ihr Arzt, Dr. Zimmermann, hatte ihr seitenlange Briefe voll des merkwürdigsten und verwirrendsten Lobes über den jungen Schriftsteller geschrieben, daß er nämlich ein unendlich liebenswertes und bezauberndes «großes Genie» sei, dabei aber auch ein «furchtbarer

Mensch», der ihr sehr «gefährlich» werden könne, sollte sie ihm je im Leben begegnen.

Ja, dieser junge Dichter sei so etwas wie der verführerischste und gefährlichste Mensch überhaupt, auf den eine Frau je treffen könnte.

Daß dieser «Doctor Göthe» der furchtbarste und zugleich doch auch liebenswürdigste Mensch sei, den man sich denken könnte, hatte er gleich zweimal in ein und demselben Brief geschrieben. So wichtig war ihm diese Angelegenheit und Einsicht.

Auch hatte er Lavater, den berühmten Physiognomiker jener Jahre, zitiert, der ihm gesagt haben wolle, daß, wenn die Menschen im allgemeinen über eine Seele verfügten, Goethe ganz im Gegensatz «hundert Seelen» besäße.

Was alles die Leserin dieser Briefe, eine gewisse Frau von Stein aus Weimar im Thüringischen, nur tiefer erregen mußte, als es ihrem derzeitig erschöpften körperlichen und seelischen Zustand guttun konnte.

So redete sie sich schließlich selbst ein, was ihr Badearzt aus Bad Pyrmont ihr so übereifrig suggeriert hatte: Er ist also ein Koketter, dieser Goethe! Von Liebe hin- und hergetrieben, ein neues Mädchen, eine neue Geliebte an jedem neuen Ort!

Im Geist sah sie ihn schöne Frauenaugen wie «Orden sammeln», für die er manch zärtlich treues Herz «ermorden» würde, in dem Augenblick nämlich, da er irgendwo in der Welt «noch schönere Augen» fände...

Dr. Zimmermann hatte sie zur Genüge vor diesem Dichter gewarnt, den seine zahllosen Seelen nur immer neuen Abenteuern und Spielen entgegenführten, der nicht anders leben könne als von einer Woge der Leidenschaft hierhin und dorthin getrieben, in rastlosem Suchen und Erobern neuer Frauenherzen, herrlicherer Augen!

Und nun, da der Dichter am 7. November tatsächlich in Weimar eingetroffen war, schienen selbst Männer von dieser überschäumenden Woge seines Wesens ergriffen zu werden.

Hatte er nicht schon jetzt eine verführerische und fast beängstigende Gewalt über den jungen Herzog Karl August, der ihn nach Weimar eingeladen hatte?

Und lag ihm nicht selbst der vielgerühmte Wieland schon völlig bezaubert wie einem Halbgott zu Füßen?

Auch die Herzogin-Mutter, Anna Amalia, schien schon wie eingesponnen im Netz seines Charmes, und mit der Prinzessin Luise, des Herzogs soeben heimgeführter jungen Frau, tauschte er, über die Speisetafel hinweg, vielsagende, fast schmachtende Blicke aus, so daß es scheinen konnte, er sei allein dieser scheuen, «holden Blume» wegen – wie er sie im geheimen nannte – nach Weimar gekommen. Wer konnte es erraten?

Dieser erst sechsundzwanzigjährige und doch schon so berühmte Dichter schillerte in tausend Farben und Lichtern. Man mußte auf der Hut sein und kühl bleiben bis zur Unnahbarkeit, um ihm nicht sogleich völlig zu verfallen.

Wiederholt ermahnte sich Charlotte von Stein daher, ihn lediglich zu «bedauern», da er eigentlich nur eine sehr unbeherrschte Natur sei, eine fast amorphe Persönlichkeit.

Ihr jedoch könnte er niemals gefährlich werden. Jedem anderen Menschen vielleicht, aber niemals ihr. Außerdem fühlte sie, daß ihr Leben sowieso schon fast dahin war – trotz ihres Alters von erst dreiunddreißig Jahren.

Nach einer elfjährigen Ehe, nach sieben Kindern, von denen nur noch drei Söhne am Leben waren – der jüngste, Fritz, der ihr liebste, gerade zwei Jahre alt –, konnte man wohl nichts mehr vom Leben erwarten, schon gar keine neuen Gefühlsabenteuer. Was hatte sie noch zu vergeben, eigentlich sehnte sie sich nur noch nach dem Ende alles irdischen Treibens, ihre Seele war schon so losgelöst vom Leben am Hof und den Sorgen des Alltags in ihrer Familie...

Trotz aller gelegentlichen Todessehnsucht konnte sie sich aber dennoch des öfteren mit alter Lebenslust in die Zerstreuungen und Feste eines regen geselligen Lebens am Weimarer Hof stürzen. Gerade vor ein paar Tagen, nach einem Gala-Abendessen beim Prinzen Konstantin, hatte sie, ein riesiges Schwert schwingend, zwei junge Grafenbrüder zu Rittern geschlagen und im Anschluß daran, beim Blindekuhspielen in vorgerückter Stunde, sogar ein paar Küsse von den jungen Grafen erhascht.

An diesem Fest hatte sie ihr Alter und ihre Sorgen einfach vergessen. Auch hatte sie entdeckt, daß sie immer noch liebend gern tanzte, und so war ihre erste Frage an Goethe, als sie ihm endlich auf einem der Bälle am Hof unmittelbar gegenüberstand: «Apropos des Bals; mögen Sie gern tanzen und lachen?», worauf er – einem ihrer selbstverfaßten Schauspiele nach – etwas rätselhaft und melancholisch-ausweichend geantwortet haben soll:

Manch mal, doch meistens schleicht mit mir
Herum ein trauriges Gefühl
Über das ewge Erdengewühl.

Daraufhin ging es ihr durch den Sinn, daß dieser so vital scheinende junge Mann eigentlich doch immer noch «Werther» sei, seine Seele immer noch leidend und verworren und krank. Ebenso krank wie ihre eigene, vielleicht sogar noch kränker. Gerne würde sie ihm helfen; ja, wenn sie noch lieben könnte, dann wäre das möglich. Aber, mußte sie sich alsobald vorhalten:

Für mich ist die Liebe vorbey,
Auch schein ich ihm sehr einerley.

Aber da hatte sie sich höchlichst geirrt.

Als Goethe sie, die er bald wiederum seine «Lotte» nennen würde, an jenem zuvor erwähnten trüben Novembertage 1775 im Besuchszimmer ihres Hauses in der Kleinen Teichgasse in Weimar wiedersah, löste sie in ihm einen ganzen Komplex von Gefühlen aus, die ihn schon einmal zuvor – in Wetzlar – mit aller Macht ergriffen hatten und dennoch auch wieder gänzlich neu und anders gefärbt auf ihn einstürmten als zuvor.

Fast ihm selbst unbegreiflich, fühlte er sich von dieser schon etwas lebensmüden, melancholischen Frau, deren Gatte, der Oberstallmeister Josias von Stein, an ihrer Seite stand, wie magisch angezogen.

War es gerade ihr kühles, reserviertes, beinahe frigides Wesen, das ihn so bannte, da dies ihn sogleich an seine immer noch über alles geliebte Schwester Cornelia erinnerte?

Oder war es nicht vielmehr ihre Mütterlichkeit, der er nie in einer Frau widerstehen konnte, da er die herrlichsten Kindheitserinnerungen an seine eigene Mutter daran knüpfte?

Oder war es – fast glaubte er sich in einem seiner

tiefsten und unaussprechlichsten Träume zu befinden –, war es nicht, als käme ihm Charlotte wie aus einem früheren Leben entgegen, die «Südländerin», vielleicht aus Rom gebürtig oder gar Griechenland, die einzige Frau, die er vor Jahrhunderten schon einmal geliebt hatte wie nichts sonst auf der Welt, und nun hier wiedergefunden, im «Norden», im winterlichen Weimar, wie unfaßlich, gänzlich unglaublich...

Ihre Augen waren es, die ihm all dieses erzählten, ohne daß ihre Lippen viele Worte zu formen hatten: ihre überaus großen, schwarzen Augen «von der höchsten Schönheit», wie es auch Dr. Zimmermann gesehen hatte, dazu ihre Wangen, sehr rot, ihre Haare ebenfalls schwarz, und der Teint ihrer Haut «italienisch wie ihre Augen».

Dies ist sie, seine verloren Geliebte, «meine Schwester oder meine Frau», aus uralten Zeiten, nur der Glaube an «Seelenwanderung» kann es erklären, daß sie sich nun hier in der kleinen deutschen Residenzstadt mitten im Winter des Jahres 1775 endlich wiederfinden! Kann man es für möglich halten, übersteigt es nicht selbst die ausschweifendste Phantasie?

Die erste erhalten gebliebene, mit Bleistift gekritzelte Briefnotiz an Charlotte von Stein, seine neue und zugleich uralte Freundin in Weimar, verkündet sogleich das Erblühen seiner Liebe mit den tiefsinnig-schönen Worten: «Hier durch Schnee und Frost eine Blume. Wie durch das Eis und Sturmwetter des Lebens meine Liebe.»

Siebzehnhundert Billets und Briefe an Charlotte von Stein, schon sehr bald seine Vertraute, Beichtigerin, Seelenärztin, Erzieherin, sollten diesem ersten kleinen

Zettel in den nächsten zwölf Jahren folgen. Liest man sie als Ganzes einmal durch, so wirken sie wie ein gesteigerter «Werther»-Roman, der zwei strahlende Höhepunkte aufweist, um endlich ebenso abrupt abzubrechen wie sein Vorläufer.

Die erste «Sternstunde» dieser Liebe, so berühmt, weil sie die erste «bleibende Liebe» in Goethes ruhelosem Leben wurde, muß sich noch im selben Jahr, am 6. Dezember 1775, zugetragen haben.

An diesem Tage nämlich hatte Charlotte den jungen Dichter endlich zu einem «vertraulichen Beisammensein» auf ihrem Schloß Kochberg, südlich von Weimar in winterlicher Landschaft gelegen, eingeladen.

Am Kamin sitzend, fanden sie hier endlich einmal Zeit, über alles zu reden, was ihre Seelen bewegte. Goethe teilte sich der neuen Freundin vorbehaltlos mit. Was immer er sagen mochte, er hatte das Gefühl, daß diese Frau ihn, den so schwer «Durchschaubaren», intuitiv verstand. Nichts an ihm schien ihr fremd oder auch nur problematisch.

Selbst sein exhibitionistisches Benehmen, das er in den letzten Tagen zur Schau getragen hatte, als er zusammen mit dem jungen Herzog mitten auf dem Weimarer Marktplatz stundenlang mit der Peitsche auf den Boden geknallt hatte, selbst dieses höchst seltsame Verhalten konnte sie akzeptieren, ohne sich schockiert zu zeigen.

Goethe wußte eigentlich selbst nicht, warum er sich letzthin so wild und äußerst unbeherrscht, fast bizarr, aufführte, schon früh morgens um fünf Uhr mit dem Herzog auf Jagd auszog und manchmal ganze Nächte damit verbrachte, seiner «überspannten Sinnlichkeit» mit den Mädchen der Umgebung freien Lauf zu lassen.

Charlotte erklärte es ihm, ruhig und unverwirrt wie ein moderner Psychotherapeut. Sie sagte ihm, daß sein brausendes Blut und die Wogen seiner überreizten Einbildungskraft dieses Sichausleben wie eine Katharsis nötig hätten, da sich sonst, wenn er dieses Ventil nicht hätte, sein überreicher und ruheloser Geist selbst zerstören müßte.

Auch erkannte sie, daß er dergleichen aufrührerisches «Genie»-Verhalten wahrscheinlich nur zeige, um den erst achtzehnjährigen Herzog Karl August damit zu beeindrucken und als Freund zu gewinnen, so daß er ihn danach schließlich nur um so besser auf «gute Bahnen» lenken könne.

Goethe schien es wie eine Erlösung, dieses zu hören, ja mit Charlotte über alles, selbst die dunkelsten Seiten seines ihm selbst nur zu oft unbegreiflichen Charakters reden zu können.

Wie oft fühlte er sich nicht von einem Extrem zum anderen gerissen. Heute konnte er sich wie ein «Untermensch» benehmen – Charlotte warf ihm dieses Wort sogar einmal an den Kopf, als sie später doch einmal über ihn ärgerlich wurde –, morgen fühlte er sich dagegen wie ein «Übermensch», maßlos stolz, grenzenlos, herrisch, und von allen Göttern geliebt und bevorzugt.

Was ihm abging, war der Mittelweg, die unüberhebliche Selbsteinschätzung, Ruhe des Gefühls, Entspanntheit, Mäßigung.

Einzig Charlotte von Stein gelang es, ihn momentan zu besänftigen und sein inneres Gleichgewicht finden zu lassen.

Schon fühlte er die große Macht, die seine neue Freundin auf ihn ausübte. Noch am selben Tag schrieb er daher auf die innere Platte ihres Schreibtisches auf Schloß Kochberg seinen Namen und das Datum ihres schicksalhaften Beisammenseins: «Goethe, d. 6. Dez. 75.», als wolle er damit Besitz nehmen von Herrin und Schloß.

So kommt es auch, daß wir noch heute von der ersten «Sternstunde der Liebe» zwischen diesen beiden äußerlich sehr ungleichartigen Menschen, der verheirateten Hofdame und Mutter und dem jungen, ungebundenen Dichter, wissen, die sehr bald schon beider Leben, «verhüllt in Geisterduft», wie zu einem einzigen werden ließ.

Goethe glaubte zu der Zeit wirklich, in Charlotte alles gefunden zu haben, was er je suchte und begehrte. Eine geradezu kosmische Liebe erfüllte ihn, etwa wenn er einige Wochen später über sie schrieb: «Ich habe keine Namen für uns – die Vergangenheit – die Zukunft – das All.»

Mit jedem Tag wurde die geliebte Frau für Goethe ein strahlenderer Stern, der ihm zu innerer Läuterung und Mäßigung verhalf und ihm neue Wege des Lebens und auch des Dichtens wies. Seine Leidenschaft steigerte sich in der Folgezeit zu solchem Ausmaß, daß sich Charlotte nur zu oft dem Sturm seines Fühlens gewaltsam entziehen mußte. Wiederholt ging sie daher zur Kur und auf Reisen, manchmal für mehrere Monate, was Goethe eine schwere Form von Selbstbeherrschung und auch Resignation auferlegte.

Aber gerade dadurch, daß Charlotte seiner Leidenschaft so strenge Grenzen setzte, über Jahre hinweg, trug sie dazu bei, daß Goethe sich langsam vom «Stürmer und Dränger» zum «klassischen» Dichter entwikkelte, als den wir ihn noch heute vornehmlich bewundern und verehren.

Hatte sie ihn nicht täglich Mäßigung, Vergeistigung, «edle Einfalt, stille Größe» oder – wie man heute sagen würde – Sublimierung seiner wildesten Triebe und Leidenschaften gelehrt und ihm auch vorgelebt?

Hatte sie ihm dadurch nicht das gegeben, was seinem wahrhaft proteischen Wesen am meisten gefehlt hatte – Form?

Sie war sein «Polarstern» geworden, der unverrückbar im Zentrum seines Universums «nie untergehend» strahlte und dadurch allen seinen Energien innere Ausrichtung und Konzentration gab.

War er der wie von Furien umgetriebene «Orest» gewesen, Charlotte wurde die ihn rettende «Priesterin» Iphigenie –, der er dann auch im gleichnamigen Drama ein Denkmal setzte.

Im Jahre 1781 betete er sie geradezu an. In diesem Jahr kulminierte seine Liebe für sie, da auch sie ihm endlich, nach sechs Jahren, ihre Liebe gestanden hatte.

Sein oft qualvolles «Noviziat» als ihr «Heiliger» war überstanden. Er hatte sich in ihren Augen bewährt, und sie war zufrieden mit ihm, ihrem «Werk», das nun nur noch seiner Vollendung harrte.

Zu dieser Zeit hätte er sie sich am liebsten gänzlich zu eigen gemacht, fühlte er sich doch durchaus mit ihr «verheiratet», da «weder hohes noch tiefes» ihn mehr von ihr zu scheiden vermöchte, wie er mit fast religiöser Verinnerlichung, Inbrunst und Feierlichkeit schreibt.

Nur noch Shakespeare habe ihn so tief beeinflußt wie diese Frau, und er wäre in sie – und die ihren – wie «transsubstantiiert».

Um ihr das Wunderbare und Einzigartige ihres Eins-
seins ganz klar zu machen und für immer vor Augen zu
halten, hatte er ihr eines Tages aus Leipzig einen
schönen, geschliffenen Achat mitgebracht, der
«Psyche» darstellte – mit dem Schmetterling auf der
Brust.

Mit diesem Stein versiegelte Charlotte von nun an ihre
Briefe an Goethe. Sie war damit, in der Tat und allen
sichtbar, seine «Psyche», seine «Anima», sein immer
gegenwärtiger «Morgen- und Abendstern» geworden,
sein alles.

Er brauchte die Beseelung, die ihre Liebe ihm täglich
gab, wie nichts sonst auf der Welt, denn trotz aller
Geistigkeit fühlte er sich nur zu oft immer noch als ein
durch und durch «sinnlicher Mensch», Eros im Kostüm
des Weltmannes, des Höflings, des Dichters. Eros. Dies
war von frühester Jugend an bis ins höchste Alter seine
eigentlichste und unausweichliche Identität.

«Alles um Liebe» hieß deshalb auch das Petschaft, mit
dem er seine Briefe an die geliebte Frau versiegelte.

Waren sie beide denn nicht die Wiederkehr des uralten
Mythos von «Amor und Psyche», den er nur zu gut
kannte?

Schon 1776 hatte er dieses, sein tiefstes Wesen, hell-
sichtig erkannt, als er an Charlotte geschrieben hatte:
«Die Liebe gibt mir alles und wo die nicht ist, dresch ich
Stroh.»

Nur wenn er sich im Besitz der Glückseligkeit der
Liebe, «die ein Sterblicher träumen mag», fühlt, kann er
in «ewig klingender Existenz schweben», kann er Dichter sein, Denker, Forscher oder auch nur ein geselliger
Mensch.

Ohne Liebe fühlt er sich sogleich erloschen, «dumpf», ins Nichts versinkend.

Aber was für eine Liebe ist es denn, die er täglich braucht, um am Leben zu bleiben? Ist es nur ein Gefühl wie ein «Wahn», das den Menschen ergreift und, wie schon Plato sagte, in «göttliche Raserei» versetzt? Ist es dieses? Oder sollte Liebe neben diesem Hochgespannten nicht auch so etwas einfach Schönes wie etwa das «Küssen» einschließen, das leidenschaftliche Umarmen zweier greifbarer Körper?

Etwa nach neun Jahren seiner platonischen Liebe zu Charlotte dämmert dieses Bewußtsein in Goethe auf. Ist er nicht ein Ganzes, Geist *und* Körper? Und bedarf sein ganzes, ungeteiltes Wesen nicht auch des «Küssens» wie «heilender Kräuter»?

Unbewußt hatte er schon lange davon phantasiert, wie etwa, wenn er sogar vom «Biß der Holden» in einem seiner Gedichte träumte, *der* «Holden»,

> Die, in voller ringsumfangender Liebe
> Mehr mögt haben von mir, und mögt mich Ganzen
> Ganz erküssen, und fressen, und was sie könnte!

Auch in seinem «Tasso» schrieb er es sich vom Herzen, was er trotz aller «Geistesehe» mit Charlotte brauchte: sinnliche Wärme, den endlichen Übergang geistiger Liebe und Verehrung in die schmelzendste physische Umarmung...

Aber dieses Letzte wird ihm im Drama wie im Leben zu dieser Zeit verwehrt: Die höfische Kultur Weimars – wie Italiens im «Tasso» – flirtet mit dem Gefühl der Liebe, solange es platonisch verhalten und gebändigt bleibt; und nur solange!

Sowie Eros ganzheitlich seine Flügel schwingen will, weist man ihn schockiert als unfein, frivol und unbeherrscht zurück!

Nur sehr langsam entdeckte Goethe diese Wahrheit. Als er sie aber endlich entdeckt hatte, fühlte er sich plötzlich wie ein zwanghaft zerspaltener Mensch, dessen «eine Körperhälfte» in höchstem, fieberhaften Feuer glüht, während die andere Hälfte frierend erstarrt.

Es geht ihm nun fast unwiderruflich auf, daß Charlotte nur dem Scheine, dem Aussehen nach seine «Italienerin» im kalten «Norden» Deutschlands war, nicht dem inneren Wesen nach, das bis zum Ende «frostig» blieb und sich selbst der glühendsten Liebesbeschwörung vorenthielt.

Nun erkennt Goethe, daß sie Jahre lang nur mit ihm gespielt hat, ihn täglich tiefer im Netz ihrer Bezauberungen verstrickend, «mit Netzen siegend», wie er es hellsichtig schon 1775 gefühlt hatte.

Um sich von ihrer fast hypnotischen Macht zu befreien, den Liebeszauber, den sie auf ihn ausübt, zu brechen und seine «Ganzheit» wiederzufinden, verläßt er sie 1886, nach zehnjährigem Beisammensein endlich fast fluchtartig.

Ohne von ihr Abschied zu nehmen, tritt er im September 1886 seine später so berühmt gewordene «Italienreise» an, ein neues Kunsterleben, ein neues Menschenbild und vor allem eine neue und tiefere «Liebes-Kunst» suchend, die ihm einmal im Leben endlich die äußerste Erfüllung all seines Liebesuchens gewähren könnte.

Obwohl er Charlotte, die nichtsahnend in Weimar zurückblieb, noch Briefe und selbst Tagebücher aus Rom und Sizilien schreibt, endet doch die zehn Jahre währende «Sternstunde» ihrer Liebe mit dieser Reise in den Süden, den Goethe zeit seines Lebens mit der Seele gesucht hatte und nun endlich erleben durfte.

Diese Italienreise, die zwei Jahre dauerte, wurde für Goethe der Wendepunkt seines Lebens, Liebens und Dichtens.

Ein anderer Mensch kehrte nach diesen zwei Jahren im Süden nach Weimar zurück, ein neuer, ein «ganz»- gewordener Mensch!

Aber gerade dies wollte und konnte die Weimarer Gesellschaft nicht wahrhaben und akzeptieren. So fühlte er sich sehr bald schon fast allen früheren Freunden entfremdet. Nur der Herzog, dem er seine neuen Erlebnisse und «Eroberungen» im «Reich der Liebe» des Südens schon brieflich mitgeteilt hatte, bildete eine Ausnahme. Er allein verstand ihn völlig.

Beglückt und dankbar hatte Goethe von einer gewissen Geliebten in Rom, Faustina, berichtet, die ihm vor allen anderen seine innere Einheit und Sicherheit wiedergegeben hatte dadurch, daß sie sich auch physisch ihm ergeben hatte – in herzerfrischender Unmittelbarkeit, ohne Wenn und Aber und unerträglichen Sublimierungszwang! Da hatte es kein jahrelanges Hinauszögern und Vorenthalten gegeben. Schon nach ihrer ersten Begegnung wäre «Begierde dem Blick, Genuß der Begier» gefolgt, wie Goethe es in einem seiner schönsten römischen Gedichte zum Ausdruck brachte.

Und er schwor sich, daß er auch im «trüben Norden», in Weimar, diesem Geist und Körper beseligenden Erlebnis treu bleiben und eine ähnlich alles erfüllende Liebe finden müsse.

Fast bat er die Götter, ihm auch hier, so unmöglich es

scheine, eine Geliebte zu geben, die wie Faustina wäre, südliche Sinnlichkeit ausstrahlend und um sich verbreitend wie eine Sonne.

Unbewußt-bewußt hatte er kurz vor seiner Abreise nach Italien im Weimarer Park eine Inschrift anbringen lassen, die in unruhvoller Sehnsucht und antik gehaltener mythologischer Einkleidung die «heilsamen Nymphen» des Ortes beschwor, sie sollten dem «Liebenden» gönnen, daß ihm gerade hier «begegne sein Glück».

Dieses sein Gedicht – oder Gebet – hatte er auf einer Tafel an einer Felsentreppe über der Ilm anbringen lassen.

Er hatte dieses Gedicht beinahe vergessen, als er in den frühen Morgenstunden des 12. Juli 1788 durch den Park, an der Ilm entlang, spazierenging, «gar nichts zu suchen», nur unter den Bäumen zu wandeln, die er einst «ahndevoll» hier gepflanzt hatte.

Doch wie es das Schicksal – oder vielmehr die angeflehten Liebesgötter und Nymphen wollten –, begegnete ihm gerade an jener Felsentreppe, die sein «Gebet» bewahrte, an jenem schönen Sommermorgen eine sehr junge Frau, die überraschend auf ihn zutrat und ihn halb scheu, halb hoffnungsvoll fragte, ob sie den «Herrn Geheimrat» vielleicht einen Augenblick sprechen könne...

Der Rest ist Geschichte geworden. Denn diese junge Person war niemand anderes als Christiane Vulpius, die Frau, die Goethe am längsten von allen Frauen zur Seite stehen und mit ihrer bedingungslosen Hingabe bis an ihr Lebensende im Jahre 1816 beglücken sollte.

Zum Leidwesen des gesamten Weimarer Hofes und

vor allem Charlotte von Steins, die nicht müde wurde, dieses «Mädchen aus dem Volk» mit Giftpfeilen ihrer verletzten Liebe anzugreifen und zu verleumden.

Was konnte diese einfache «Fabrikarbeiterin», kaum dreiundzwanzigjährig, dem fast vierzigjährigen Dichter geben, das faszinierender und zugleich bindender wäre als alles, was sie ihm zu geben versucht hatte?

Was war es, das den Dichter, kaum aus Italien zurückgekehrt, so an diesem jungen Geschöpf entzücken konnte?

Erinnerte sie ihn nicht vom ersten Augenblick an an seine römische Geliebte, Faustina? Erspürte er in ihr nicht das gleiche sinnliche Feuer, das er schon schmerzlich zu vermissen begann?

Mit ihren «lachenden Augen und schwellenden Lippen» erschien ihm dieses unverbildete thüringische Mädchen wie ein «weiblicher Dionysos», voll unverbrauchter Lebensfreude und Lebensenergie, nur darauf wartend, all ihr Fühlen und auch ihre Fürsorge einem geliebten Manne schenken zu können.

Zudem hatte Christiane, in Goethes Augen, auch sehr viel von einem androgynen Wesen an sich, was ihn zeitlebens ungeheuer beeindruckte und fesselte.

Sehr bald schon entwirft er Zeichnungen von ihrem schönen Lockenkopf, die sie jedoch jedesmal wie einen etwas idealisierten griechischen «Jüngling» darstellen, was ihn sehr glücklich gestimmt haben muß, konnte sich doch seine höchste Liebe merkwürdigerweise nur an einem solchen weib-männlichen Wesen entflammen, wie er es in Christiane, jedenfalls zu Anfang seiner Leidenschaft für sie, erblickte.

Bald danach treffen sich die beiden, heimlich und

verschwiegen, in Goethes am Fuße des «Rosenbergs» gelegenen «Gartenhaus» im Weimarer Park, das sich durch ihre beiderseitige Zuneigung in ein romantisches Refugium verwandelt, in dem sie die schönsten «Sternstunden» ihrer Liebe feiern.

Hatte er nicht erst kürzlich geschrieben, daß zu den fünf natürlichen Dingen, nach denen ihn vor allem verlangte, auch ein «Liebchen des Nachts» gehöre? Schon nach der ersten, gemeinsam verbrachten Nacht schreibt Goethe, rückblickend auf dieses ihn ganz verwandelnde Erlebnis, mit Worten spielend, und doch voll tiefen Sinns:

> Lange sucht' ich ein Weib mir, ich suchte
> Da fand ich nur Dirnen.
> Endlich erhascht' ich dich mir, Dirnchen
> Da fand ich ein Weib.

Wie ein Rausch ergreift es den Dichter. Ovid und seine lebensvollen Liebesgötter lächeln ihm über die Schulter zu. Rom ist wiedererstanden in Weimar, hier im Weimarer Park, im Gartenhaus zwischen «Stern» und «Rosenberg»... kann es einen bedeutsameren «Ort der Liebe» noch irgendwo sonst auf der Welt geben?

Alle Skrupel sind ihm fern in diesem Glücksgefühl, antik inspiriert und beflügelt. Von nun an nennt er Christiane sein kleines «Erotikon».

Ganz unverkennbar taucht die Geliebte nun auch anstelle der römischen Faustina in seinen Gedichten – zuerst «Erotica Romana», später «Römische Elegien» genannt – auf, die er im Rausch endlich auch körperlich sich erfüllender Liebe in kurzer Zeit vollenden kann.

In diesen Gedichten – «Elegien» nur dem antiken Versmaß, nicht dem Gefühlston nach – schwelgt Goethe in den Freuden neugefundener Sinnlichkeit und Liebe, wie es etwa die bekannten Verse darstellen:

Raubet die Liebste denn gleich mir einige Stunden des
    Tages,
Giebt sie Stunden der Nacht mir zur Entschädigung
    hin...
Und es durchglühet ihr Hauch mir bis ins tiefste die
    Brust...

Endlich hat er in Christiane die so lang gesuchte «leibhaftige» Muse gefunden. In ihren Armen dichtet er nun seine Hexameter, und ihr Herzschlag wird der Rhythmus seiner Kunst.

Er glaubt, Elysium gefunden zu haben. Und nichts, auch nicht das bösartigste Gerede am Hof, kann ihm diese Liebe «erniedrigen» oder gar entreißen.

Zwar ist Christiane weder Aristokratin des Geistes noch der Geburt, sie kann ihn nicht mit Worten einspinnen und jahrelang am Gängelband – oder «Zauberfaden» – führen wie Charlotte von Stein. Sie ist ungebildet, ihre Orthographie und Schreibweise himmelschreiend, aber sie liebt ihren «Geheimen Rat» bis zur Selbstaufopferung, mehr und mehr auch für sein tägliches Wohlergehen die Sorge übernehmend oder ihn pflegend in Tagen von Krankheit.

Immer tiefer wird Goethe durch ihr herzliches, erdverbundenes Wesen auch an seine Mutter erinnert, die er so lange schon in Frankfurt zurückließ, aber nie vergaß.

Als Christiane im nächsten Jahr dann selbst Mutter

wird und ihm einen Sohn schenkt, ist sein Glück vollkommen.

Nun verliert selbst sein früher so geliebtes Reisen in den Süden an Reiz! Fast bedauert er es, 1790 auf eine zweite Italienreise gehen zu müssen.

Die zärtlichen Stunden der Hingebung an seine Geliebte bedeuten ihm nun mehr als alle zuvor so heiß geliebten, prachtvollen Kulissen des Südens. Und so schreibt er in den «Venetianischen Epigrammen» dieser Zeit Verse, die wie eine Huldigung an die in Weimar zurückgelassene Christiane – und ihren Sohn – klingen:

Südwärts liegen der Schätze wie viel! Doch einer im
  Norden
Zieht, ein großer Magnet, unwiderstehlich zurück.

Allein Christiane gelang es, über seinen Reisetrieb in alle lockenden Fernen südlicher Länder zu triumphieren. Ihretwegen bleibt er nach seiner Rückkehr am liebsten nun in seinen «häuslichen vier Wänden», die sie, zusammen mit seinem Garten, in ein kleines Paradies verwandelt hat.

«Bringet mich wieder nach Hause! Was hat ein Gärtner zu reisen?», beschwört er nun in sehnender Hoffnung, ganz anders als früher, die Liebesgötter.

So sehr sich Goethe auch dieser nur ihn allein liebenden Frau verbunden fühlte, der einzigen, die für ihn mehr wurde als nur «Episode und Abenteuer», brachte er es doch erst nach achtzehnjährigem freiem Zusammenleben über sich, sich auch kirchlich mit ihr trauen zu lassen und sie damit vor aller Welt als seine Ehefrau anzuerkennen.

Immer war es Goethe, vielleicht seiner «hundert Seelen» wegen, schwergefallen, sich auf eine einzige Geliebte festzulegen. Christiane jedoch liebte er tiefer und leidenschaftlicher als viele der so viel hochgeistigeren und sicherlich auch faszinierenderen Frauen seiner überreichen Lebenswelt.

An der Seite Christianes konnte er, fast «frech und froh», seiner Seele Luft machen und ausrufen:

> Liebesqual verschmäht mein Herz...
> Nur vom Tücht'gen will ich wissen,
> Heißem Äuglen, derben Küssen...
> Mädchen, gib der frischen Brust
> Nichts von Pein, und alle Lust.

Was kaum ein Mensch in der schon über ein Jahrhundert währenden Idolatrie Goethes wahrhaben will, ist gerade dies, daß Goethe eine durchaus «derbe» Seite besaß – «gut und bös' wie die Natur» –, aus der einige seiner großartigsten dichterischen Werke entsprangen wie etwa «Faust» und nicht zuletzt auch eine Reihe erst jüngst veröffentlichter, bislang unterdrückter «erotischer Gedichte», die wir nun endlich in Goethes «Geheimem Archiv wunderlicher Produktionen» lesen dürfen!

So wird uns erst heute der «ganze» Goethe ersichtlich, der unverblümt den alten Liebesgöttern seine dichterischen und auch menschlichen Tribute zollte, die uns noch heute entzücken.

Wenn wir hier Christiane Vulpius als eine große Erfüllung der Liebeshoffnungen und -erwartungen Goethes dargestellt haben, müssen wir allerdings nun doch, am Ende unserer Betrachtung, der Gerechtigkeit wegen behaupten, daß selbst sie Goethe letzten Endes nicht die höchste Erfüllung seines Liebens bedeutete.

Neben ihr liebte er ja immer noch – wie bekannt sein dürfte – auch einige andere Frauen wie Corona Schröter, Minchen Herzlieb, Marianne von Willemer, ja und selbst immer noch ein wenig auch Charlotte von Stein.

Die äußerste Liebeserfüllung für Goethe hätte vielleicht in einer oft von ihm bedichteten «Doppelehe» bestanden, vielleicht einer Ehe mit Charlotte von Stein und Christiane zu gleicher Zeit, in der nur er alles besessen hätte: das Hochgeistige der einen *und* das natürliche herzgewinnende Erotische, das die andere ihm gab.

Aber hätte er dieses alles nicht auch in einer einzigen Person vereinigt finden können? Gewiß, er hätte...

Aber diese einzigartige Eine gab es nicht in seiner Lebenswirklichkeit. Sie existierte nur in seiner Phantasie, etwa seit dem Jahre 1800, als er, vielleicht schon ein wenig desillusioniert von den ausschließlich sinnlichen Reizen Christianes, «Helena» heraufbeschwor – im zweiten Teil seines «Faust».

In ihr kristallisierte sich der Inbegriff dessen, was für Goethe die «absolute Frau» bedeutete, die ihn – wie auch Faust – ganz erfüllen könnte. Von nun an ist sie «sein einziges Begehren», denn sie allein ist die Synthese alles Begehrenswerten: Sie ist von klassischer Schönheit, aber diese Schönheit ist kein «starres Bild». Hinter der Maske dieser Schönheit lebt ein Wesen, das «froh und lebenslustig quillt», was allein er preisen kann. Sie entfesselt «Liebesbrunst» in jedem Manne, der sie sieht und wird selbst «im Alter noch umfreit». Sie ist «so groß als zart, so hehr als liebenswürdig». Sie ist umgeben von Gefahr und Zwielichtigem, aber sie entzündet zu gleicher Zeit im Mann den Mut, sie zu erobern...

Gemessen an dieser Gestalt müssen alle anderen Frauen-«Wohlgestalten», die ihn einst entzückten, wie ein bloßes «Schaumbild» zerfließen. Von dem Wahn, diese Frau zu lieben, möchte er niemals geheilt werden. Sie entspricht am vollsten seiner eigenen Göttlichkeit. Sie ist Vollkommenheit. Sie ist wie ein «Ozean». Und diesem allein möchte er sich «vermählen», dem letztlich Unbegrenzten...

Trotz all dieser Phantasien über die klassische «Helena» war auch Christiane – für eine fast drei Jahrzehnte während «Sternstunde der Liebe» – der Inbegriff aller Leidenschaft für Goethe gewesen.

Das Größte an ihr war vielleicht, daß sie niemals eifersüchtig auf seine übrigen Freunde und Freundinnen wurde, ihm Raum gab, der Mensch und Dichter zu sein, der er nun einmal war.

Sie konnte seine Komplexität nicht wirklich verstehen und ergründen, aber sie ließ sie gewähren und sich entfalten, wie es ihrem Wesen entsprach.

Wenn immer es nötig war, trat Christiane – ohne sich beleidigt zu fühlen – zur Seite, damit Goethe sich erfüllen könne.

In diesem Sinne war auch sie auf ihre Weise «grenzenlos». Ihre nie geminderte Liebe und Zuneigung zu Goethe überstrahlte viele seiner Weimarer Tage mit einem Glanz, den andere Frauen ihnen nicht zu geben vermochten, nicht einmal «Helena»...

Der romantische Höhepunkt der Liebe: München

Lieben will ich, ewig, ewig lieben!
Liebe ist die Seele der Natur...
Ludwig I. von Bayern

Wenn wir an München als einen «Ort der Liebe» denken, so scheint es, als ob alle unterirdischen Quellen, Ströme und Strömungen der Liebe etwa seit der Mitte des vorigen Jahrhunderts gerade in dieser Stadt zutage getreten wären und sich als rauschende Fontänen versprüht hätten, von denen einige noch heute weithin sichtbar sind.

Die Atmosphäre dieser Stadt ist wie gesättigt mit den Schwingungen höchster Leidenschaft, die im Laufe der Jahrzehnte hier nach Ausdruck verlangten, berühmte und weniger berühmte Passionen, die doch immer noch wie greifbar anwesend sind im Leben der Stadt, ob wir von ihnen wissen oder nicht.

Uranfängliche Lieben gab es hier wie die Liebe des blutjungen Rainer Maria Rilke zu der schon verheirateten russischen Schriftstellerin Lou Andreas-Salomé, die Anfang 1897 in den sogenannten «Fürstenhäusern» der Schellingstraße abgestiegen war, und der er tagelang seine Gedichte zugesandt hatte, bis er ihr endlich «an einem Theaterabend im Frühling» vorgestellt wurde, wie Lou Andreas-Salomé später schrieb.

Beide fühlten bei diesem ersten Kennenlernen und immer stärker in den folgenden Tagen, die zu Jahren wurden, als hätten sie sich schon immer gekannt und geliebt und als wären sie allein «wirklich», während alles andere nur ein Traum sei.

Einige der großartigsten Liebesgedichte Rilkes entwuchsen dieser inneren Zusammengehörigkeit der beiden Liebenden, wie etwa das berühmte Gedicht aus dem «Stundenbuch»: «Lösch mir die Augen aus: ich kann Dich sehn...»

Beide feierten ihre Liebe in den Sommermonaten jenes Jahres auch im gebirgsnahen Wolfratshausen, wo es sie nicht im geringsten störte, in einer «Stätte überm Kuhstall», in einem in den Berg gebauten «Bauernheim» ihre Behausung zu finden – und ihr tiefstes Glück.

Oder es gab «finale» Leidenschaften in dieser Stadt wie die des Heidelberger Soziologen Max Weber, der sich 1919 nach München berufen ließ, um endlich der «triumphierenden Liebe» in seinem Leben Raum zu geben, einer Liebe, gegen die er theoretisch wie physisch einen lebenslangen, erbitterten Kampf geführt hatte, nur um zuletzt doch von ihr überzeugt und zugleich überwältigt zu werden.

Eine «innige, rauschhafte Liebesbeziehung» zu Else Jaffé-Richthofen, seiner ehemaligen Heidelberger Schülerin, die nach München gezogen war, verwandelte ihn ein Jahr vor seinem Tode zu einem begeisterten Anhänger der «Irrationalität» des außeralltäglichen «ehefreien erotischen Liebens», das er in einer seiner letzten Schriften als den «unüberbietbaren Gipfel der Erfüllung der Liebesforderung» ansah und pries, da es den «kalten Skeletthänden rationaler Ordnungen ebenso völlig entronnen» sei «wie der Stumpfheit des Alltags».

Als er bald darauf schwer erkrankte, waren sowohl seine Frau, Marianne Weber, als auch Else Jaffé in seiner

Nähe – im Haus Seestraße Nr. 3 am Englischen Garten, das noch heute existiert.

Mit ihrer «eifersuchtsfreien» Liebe brach *der* «Weltenfrühling» in München an, den einer der brillantesten Schüler Sigmund Freuds, Otto Groß, schon um die Jahrhundertwende in Schwabing das neue Evangelium freier erotischer Liebe verkündend, vorausgesehen und auch gelehrt hatte.

Else Jaffé-Richthofen und ihre Schwester Frieda von Richthofen, die spätere Frau des englischen Schriftstellers D. H. Lawrence, waren die frühsten, begeisterten Anhängerinnen dieses neuen Evangeliums gewesen, das Otto Groß, aus der Psychoanalyse eine Weltanschauung oder vielmehr eine Religion machend, gepredigt und zugleich auch vorgelebt hatte.

Durch Otto Groß, aber auch durch den «Kosmischen Kreis» Ludwig Klages' und seiner Freundin, der aus Norddeutschland stammenden Gräfin Franziska zu Reventlow, wurde Schwabing um die Jahrhundertwende das Zentrum einer Liebesrevolution, in der auch schon mit der größten Leidenschaftlichkeit der Kampf der Geschlechter ausgetragen wurde, der noch heute tobt.

Bachofens «Mutterrecht» folgend, setzte man sich ein für den Sieg des weiblich-passiv-dionysischen Prinzips, das sich vor allem in der als «heidnische Madonna» verehrten Franziska zu Reventlow verkörperte, und kämpfte gegen das männliche Prinzip an, das in seiner Rationalität als Natur, Seele und Menschheit zerstörend aufgefaßt und radikal abgelehnt wurde.

Frauen wie Else Jaffé, Frieda von Richthofen und vor allem Franziska zu Reventlow, die liebten, wen sie wollten, wurden wie Göttinnen der urältesten nomadischen Liebeszeiten, die noch ganz unter dem Zeichen von Aphrodite standen, verherrlicht.

Man verehrte diese Frauen so grenzenlos, weil man glaubte, daß sie die Träger uralt-neuer «Lebensgluten» wären und gegenüber der «schalen Sinnlichkeit» des ausgehenden Jahrhunderts eine neue «Blutleuchte» aus tiefstem Einssein mit der Natur der erotischen Liebe trügen.

Auch Lou Andreas-Salomé wurde diesen wiedergekehrten Urgöttinnen zugerechnet. Und genau als diese, als Magna Mater, Hetäre, Madonna und Intellektuelle in einem, verehrte und liebte sie auch der junge Rilke in München.

Am tiefsten aber stand wohl Franziska zu Reventlow, die ihre Lebensgeschichte in mehreren Büchern niedergeschrieben hat, im Banne der «Göttin», lange bevor dies in unseren Tagen Mode wurde. Sie war die eigentliche Trägerin der Schwabinger «erotischen Bewegung» jener Tage, indem sie jedem Liebesimpuls, der sie ergriff, furchtlos Folge leistete.

Dennoch wurde auch ihr eine «Sternstunde der Liebe» – in unserem Sinne – zuteil, als sie endlich ihre Liebesenergie auf nur noch einen einzigen Mann konzentrierte, der niemand anders als Ludwig Klages selbst war, der Philosoph und Hauptanreger des «Kosmischen Kreises» in Schwabing, das sie in einem ihrer Zeitromane als «Wahnmochingen» bezeichnete.

Monatelang liebte sie Ludwig Klages, der sie grenzenlos verehrte, mit glühender Leidenschaft, über ihn das Schönste schreibend, was eine Frau einem geliebten Mann nur zurufen kann: «Er war der einzige Mann, mit dem ich fliegen konnte!»

Klages war für sie der «Zauberer», der alle lästigen Dimensionen von Zeit und Raum ins Schwerelose aufzuheben vermochte, sie einladend zu ekstatischem Seelenflug, den er «Eros der Ferne» nannte... Nur so konnte er lieben. Der «Eros der Nähe» schien ihn weniger zu begeistern. Darum dauerte diese «Sternstunde der Liebe» für Franziska auch nur eine kurze Weltminute, die jedoch mit ihrer Leuchtkraft den Rest ihres Lebens für immer verwandelt hat.

Oder wir denken an den Dichter Stefan George, der ebenfalls in dieser Stadt von 1902–1904 sein einmaliges, lebensbestimmendes Liebes-«Wunder» erlebte, indem er dem jungen Maximilian Kronberger begegnete, dem er den «Maximin»-Zyklus im «Siebenten Ring» widmete, und den er verehrte wie einen kommenden Gott:

> Wenn solch ein auge glüht
> Gedeiht der trockne stamm.
> Die starre erde pocht
> Neu durch ein heilig herz.

Dieser schon mit sechzehn Jahren verstorbene Jüngling bedeutete für George die «letzte Beglaubigung» und Erfüllung seines lebenslangen Suchens nach einem vollkommenen Menschen, der unverwirrt «Rausch und Helle» in einem zu leben vermöchte:

> Ist ein wunder gleich dem einen
> Wunder dieses ganzen jahrs?
> Riß ich nicht ins enge leben
> Durch die stärke meiner liebe
> Einen stern aus seiner bahn?

klingt es selbst noch in einem späteren Gedicht. Durch «Maximin» schien George die menschliche Existenz wieder gerechtfertigt, ja verklärt... In leibhaftiger Gestalt war ihm auf den Straßen Münchens das Vollkommene begegnet, und der Mythos, den er hieraus erschuf, bewegt uns noch heute.

Wellen höchster Leidenschaft, deren aufrauschender Klang durch alle Zeiten weitertönt.

All diese Liebes-«Bewegungen» – so umstürzlerisch und glühend sie auch waren – weit in den Schatten stellend, müssen wir nun eines Menschen gedenken, dessen Leben noch viel ausschließlicher vom Prinzip der Liebe bestimmt, ja regiert wurde: Es ist dies König Ludwig I. von Bayern, der kulturelle und geistige Begründer Münchens, der diese Stadt überhaupt erst als die «Weltstadt» erschuf, als die wir sie noch heute vorfinden und bewundern.

Sein ganzes Leben, von frühester Jugend bis ins höchste Alter, war eine einzige «Sternstunde der Liebe».

Amor, Dionysos, Venus waren die Götter, denen er sein Dasein, trotz fester Gründung im katholischen Glauben, fast bedingungslos unterstellte, ja deren freiwilliger «Sklave» er wurde, wie er es selbst in einem seiner zahlreichen Gedichte sah und beschrieb.

Ein wahrer Romantiker auf dem Thron, dem die Liebe jederzeit mehr bedeutete als alle politische Macht, über die er verfügte.

«Liebe ist das Höchste, nicht der Thron», sagte er schon in frühen Jahren, nur um dies während seines langen Lebens von 1786–1868 täglich tiefer zu bestätigen und als das Gesetz zu erfüllen, nach dem er angetreten.

Er baute seine gesamte Existenz als Kronprinz, König, Künstler, Bauherr, Visionär und auch Dichter auf dem Fundament von Liebe auf, ein Leben außerhalb von Liebe als «Wahn» empfindend...

Ludwig I. wurde dadurch einer der großen Liebenden aller Zeiten, sein Leben die absolute Kulmination aller Liebesbestrebungen, die darzustellen der Anlaß dieses Buches ist.

Was dieser König von Jugend an fühlte und erlebte, können wir in einzigartiger Weise der Vielzahl seiner noch zu Lebzeiten veröffentlichten und äußerst mitteilsamen Gedichte entnehmen, die bis heute lesenswert geblieben und ein wahres und einmaliges Dokument seines Liebens sind.

Wie Goethe, den er hoch verehrte, mußte sich Ludwig in Gedichten Ausdruck verschaffen, um nicht von der Fülle seiner Empfindungen und Erlebnisse erdrückt oder überwältigt zu werden.

So sagt er etwa in einem Sonett von 1819 über sich aus, daß sein einziges Glück im Leben der «Seele ewiges Berauschen» – durch Liebe – sei. Das gewöhnliche Gefühlsniveau kann ihm nicht genügen. Er will den Sturm:

> Bei Felsenklippen, nimmer wo es eben,
> Befindet er sich wohl, auf wilden Wogen...

Er will «schweben und schwanken um sinnliche Wonne», die ihn mehr als der endliche «Sinnengenuß» begeistert. Wenn er liebt, möchte er sich der Erde «entschwingen», ja sich «auflösen» in Liebesglut. In einzigartiger Weise sind in seiner Liebe «irdische» und «himmlische» oder antik-heidnische und christliche Impulse und Bestrebungen fast nahtlos vereint.

Alles Schöne – in der Kunst und noch mehr im Leben selbst – begeisterte ihn von Jugend an. Sein «leichtentzündliches» Herz reagierte auf weibliche Schönheit, wo immer er ihr begegnete. Er entdeckte diese Schönheit in den einfachsten jungen Mädchen der Straßen Münchens genauso wie in den Damen der gesellschaftlichen Kreise, in denen er sich bewegte.

Als sich der Kronprinz 1810 mit der Prinzessin Therese von Sachsen-Hildburghausen verlobte, die er vor anderen ihrer Sanftmut, Freundlichkeit und Güte wegen auserwählt hatte, fühlte er sich gleichwohl gezwungen, sie sehr bald schon über sein so leicht entflammbares, weibliche Schönheit und Schönheit überhaupt liebendes Herz aufzuklären, damit sie nicht mit falschen Erwartungen in die Ehe ginge.

Obwohl Therese den jungen Kronprinzen sieben Tage lang während seines ersten Besuches am Hildburghausener Hof in eine Art von «Fieberglut» versetzt hatte, gesteht er sehr bald nach seiner Vermählung mit ihr, daß ihn dabei kein «Taumel» erfaßt hätte und er nun erkenne, daß er sich doch «leidenschaftslos verehelicht» hätte und daher beschlösse, sein vorheriges Junggesellenleben weiterzuführen, das er nicht mehr aufgeben könne.

Er brauche, mit anderen Worten, Raum um sich, Freiheit, seinem Herzen zu folgen, wohin es ihn auch ziehen würde, ein «ahnungsvolles Sehnen» erfülle sein ganzes Wesen, Befriedigung könne es nie für ihn geben, selbst nicht an der Seite der liebenswürdigsten Gattin, die ihn schon bald mit einem Kind nach dem anderen beschenkt und die er mit jedem Tag lieber gewinnt.

Es ist eine erstaunliche Tatsache, daß gerade zu der

Zeit, als Ludwig einige Acker Land auf der griechischen Insel Milo erworben hatte, um dort nach Antiquitäten zu fahnden, direkt neben seinem Stück Land die berühmte Statue der «Venus von Milo» ausgegraben wurde, unter deren Zeichen sein Leben von nun an fast ausschließlich stand. Die eben erst wiederentdeckte «Göttin der Liebe» schien eines bedingungslos sie verehrenden Jüngers zu bedürfen – mehr als aller Bewunderung ihrer herrlichen Form durch bloße Kunstliebhaber.

Ludwig I. hörte ihren Ruf. Noch als Kronprinz, und mehr noch später als König, machte er sich bedingungslos zu ihrem «Unterthan», wie es eines seiner frühen Gedichte bekennt.

> Lieben muß ich, immer lieben,
> Sei's auch meines Lebens Grab...

Es mutet wie ein Zwang an, der ihn beherrscht und dem er untersteht, selbst wenn er sich ihm manchmal lieber entzöge. Aber darin scheint er keine Wahl mehr zu haben. Die Göttin herrscht über den Herrscher, wie der Verlauf seines Lebens nur zu sehr bestätigen wird.

Als Kronprinz hat er noch viel Zeit und reist daher durch Europa, soviel er nur kann. Aus England rühmt er seiner Therese sogleich die «Natürlichkeit» der dortigen Frauen; in Wien schwebt er von einem Ball zum anderen, nicht «unempfindlich» für die Schönheit dortiger Frauen, wie er seiner in München zurückgebliebenen Frau vertrauensvoll berichtet. Selbst die «eher junge, als alte» Maria Ludovika, die derzeitige Kaiserin von Österreich, habe ihn zu vertrautem Gespräch in ihr Schlafgemach eingeladen, wobei sie ihn in einem «weißen und rosa Negligé» empfangen habe, was ihm offensichtlich sehr schmeichelte und ihn auch ein wenig verwirrte! Sie hätten allerdings dann aber doch nur über Politik miteinander gesprochen, was er eigentlich ein wenig bedauert...

Am 15. Oktober 1817 tritt der Kronprinz eine Reise nach dem Süden an. Nur acht Tage hält er sich in Rom auf, um danach sofort nach dem sonnigen Sizilien weiterzufahren. Hier berauschen ihn das «ewig blaue Meer» und auch die «steinernen Zeugen einer großen Vergangenheit», am meisten aber und unauslöschlich beeindrucken ihn die Augen der dortigen Frauen, die «Glut ausströmen und ein namenloses, sehnendes Verlangen...».

So ist es zu verstehen, daß er schon sehr bald nach seiner Rückkehr nach München den Reizen einer schönen Italienerin verfällt, die er zum ersten Mal als Sängerin in einer Rossini-Oper gesehen hat. Er schreibt ihr unzählige Briefe und macht ihr häufig Besuch.

Als die Kronprinzessin davon erfährt, trennt er sich notgedrungenerweise von der Schönen, verehrt sie jedoch im stillen weiter und läßt sie als eine der ersten von seinem Hofmaler Josef Stieler malen, der über eine besonders feine Art verfügt, den «Zauber der Schönheit» einer Frau im Bild festzuhalten.

Zu Beginn des Jahres 1821 ist Ludwig wieder in Rom. Und wie das Schicksal es will, begegnet er hier im Gedränge eines überaus festlich gefeierten Faschings auf dem Corso, an dem er teilnimmt, der Frau, die zum ersten Mal nicht nur seine Sinne, sondern auch sein Herz mit einer Macht ergreift, die ans Wunderbare grenzt.

Es handelt sich bei dieser Frau um die achtzehnjährige

Marchesa Florenzi, geborene Gräfin Baccinetti, deren brennend schwarze Augen und deren «eigentümlich romantischer Kopf» den Kronprinz sogleich entzücken.

Als er ihr in den nächsten Tagen bei einem Ball vorgestellt wird, weicht er fast den ganzen Abend nicht mehr von ihrer Seite. Ludwig betet Maria Florenzi an, obwohl sie, wie er selbst, verheiratet ist. Das Herz des «feurigen Prinzen» steht buchstäblich in Flammen. Fast vergißt er Frau und Familie im fernen München über diese Begegnung, die ihn völlig gefangennimmt.

Am tiefsten fühlt er sich beglückt, als auch «Mariannina» ihm, beim endlich nahenden Abschied, ihre Liebe mit den Worten gesteht, daß «keine Persönlichkeit» sie jemals «in Geist und Herz so völlig erfüllen wird» wie die seine. Auch bittet sie ihn darum, wenigstens durch Briefe mit ihm in ständiger Verbindung bleiben zu dürfen, von denen sie während der nächsten zwanzig Jahre tatsächlich über eintausend an die «Königliche Hoheit» schrieb – in nie nachlassender leidenschaftlicher Zuneigung und Freundschaft, die von Ludwig mit ebenso vielen Briefen erwidert wurde.

Auch aus dem Herzen Ludwigs ist die «Erinnerung an die reizende Marchesa in Rom» nicht mehr zu bannen. Sein Gefühl für sie ergießt sich in viele seiner schönsten Gedichte.

«Liebe! du dringst herab, hebst zu den Sternen das Herz…», schreibt er. Oder er vergleicht seiner Liebe «leidenschaftlich Toben» einem Bergstrom, der «aufrauschend» und «über Felsen wild ergossen» sich schäumend gegen den Himmel erhebt. Zum ersten Mal fühlt er mit aller Gewalt, was Liebe sein kann, und er «löste sich auf in die Glut».

In einem Distichon an die «Geliebte» sagt er es am eindrücklichsten, was diese Liebe ihm nun bedeutet:

Wenig bekümmere ich mich nunmehr um Paläste und
Bilder,
Alles ist tot, es lebt Liebe allein und ich ihr...

Um «Mariannina» auch in der Ferne nahebleiben zu können, beschließt er, auch sie, die «liebliche Marchesa», malen zu lassen, damit sie in der «Galerie schöner Frauen», die er in München zu schaffen gedenkt, als eine der schönsten und entzückendsten prangen könne.

Mit seiner Frau Therese steht Ludwig trotz allem immer noch in bestem Einvernehmen. Nun hat er schon fünf Kinder mit ihr, drei Söhne und zwei Töchter. Therese ist nach wie vor gütig und liebevoll gegen ihn und hat selbst für seine «Schwärmereien» Verständnis. Sie weiß, daß sie Ludwig niemals ganz an sich binden kann, weil ihm dann das Gefühl, zur ehelichen Liebe «verpflichtet» zu sein, bald unerträglich würde.

So läßt sie ihn weiterhin Jahre hindurch, wie es seine Gesundheit oder Reiselust verlangt, in den Süden ziehen, wo er der Marchesa schon bald erklärt, daß er sie «wahnsinnig und leidenschaftlich» liebe. Ludwig denkt dabei, daß diese «Sternstunde der Liebe» die «erste und einzige» seines Lebens sein und bleiben wird.

Aber darin hatte er doch die Eigenart seines Wesens, das nie zur Ruhe oder Befriedigung kommen wollte, verkannt oder gänzlich unterschätzt.

In ruheloser Sehnsucht wird er noch bis ins hohe Alter immer neue Liebeserlebnisse suchen, da er nun einmal den Höhepunkt allen Lebens in dem Gefühl sieht, das «ein Geschöpf zum andern zieht»: «Liebe ist das Höchste, nicht der Thron», sagte er selbst dann noch, als er im Jahre 1825, mit neununddreißig Jahren, endlich König wird und nun München zu seiner Residenzstadt und auch zur «schönsten Stadt Deutschlands» machen will.

Neben der Erfüllung aller seiner Regierungs- und Bauherrngeschäfte findet Ludwig nach wie vor Zeit, sich etwa für «schöne Schauspielerinnen» der Stadt wie den neuen «Stern» am Hoftheater, die achtzehnjährige Charlotte von Hagn, zu begeistern, obwohl er, zur Vorsicht gemahnt, sie nun nicht mehr am hellichten Tage besucht.

Auch lenken ernstere Dinge den König immer wieder von «den Schönen» ab, die er aber dennoch weiterhin für den geplanten «Schönheitssaal» malen läßt, damit ihre höchste Schönheit allen sichtbar und für die Ewigkeit im Bilde festgehalten sei.

Neben «Mariannina» fesselt den König in den folgenden Jahren am meisten eine Lady Jane Ellenborough, die er eines Tages in München kennenlernt.

Sie ist eine «unerhört schöne, mit bezauberndem Charm begabte» junge Engländerin aus bestem adligem Hause, die, wo immer sie erscheint, die Männer nicht nur verzaubert und entzückt, sondern sogar «behext». Dieser Ruf geht ihr voran. Sie hat trotz ihrer gerade fünfundzwanzig Jahre schon ein äußerst stürmisches Leben hinter sich, was ihren Ruf noch verschlechtert, ihren Reiz aber nur noch steigert – jedenfalls für Ludwig, der sogleich in dieser «fast unweiblichen» Frau, die einen «unbändigen Hang nach Abenteuern» hat, eine ihm verwandte Seele erspürt und, als er sie endlich kennenlernt, sogleich für sie entflammt.

Auch sie wird für die Schönheitsgalerie gemalt; aber diesmal braucht Stieler merkwürdig viele Sitzungen, bei denen Ludwig immer anwesend ist. Er kann sich von Lady Jane kaum trennen, «nicht vom Bild, und noch viel weniger vom Original».

Was Ludwig schließlich aus seinen Träumen reißt, ist, daß diese so von ihm angebetete Dame auch die Huldigungen anderer Männer entgegennimmt, was ihn verstimmt und sogar zutiefst kränkt.

Von ihr enttäuscht, reist er bald darauf wieder nach Italien, wo er sich auf Ischia trotz der Schönheit der Natur «einsam und verlassen» vorkommt und «schwermütig und traurig» ist – bis er eines Tages, selbst an diesem entlegenen Ort, ein paar reizenden Damen begegnet, die ihn die Engländerin vergessen lassen und ihm neue Lebenslust einflößen.

Die zauberhafte Lady Jane sollte aber nur der Auftakt zu Ludwigs größter, ihn völlig erfüllender Liebe werden, die ihm endlich, im einundsechzigsten Jahr seines Lebens, zuteil wird.

Zu dieser Zeit fühlt sich sein Herz – trotz aller äußeren, politisch-kulturellen Erfolge – bedrückt und «verwaist». Er hat Angst, daß das bislang so stürmische Gefälle seines Lebens und Liebens, das einem Sturzbach glich, nun in seichtem Gewässer versanden könnte, da keinerlei Leidenschaft sein Herz mehr bewegt. Es fehlt ihm wie nichts sonst auf der Welt der «lebensnotwendige Zauber eines schönen und klugen, weiblichen Wesens».

Bezeichnenderweise betitelt er ein Gedicht dieser Zeit mit dem fast tragisch klingenden Wort «Unverliebt», was für Ludwig soviel bedeutet wie äußerste «Freudelosigkeit, Finsternis, öde, kalte Leere», Nacht.

Nacht ist das Leben, die Liebe allein sie
   freundlich erhellet.
Liebe, ich folge dir ganz!
   Führe du mich durch die Nacht...,

hatte er schon früher einmal in einem Distichon geschrieben.

Aber wo ist diese Liebe zu finden, die die innere Nacht
seines Lebens mit neuer Glut zu erhellen vermöchte?

Immer noch liebt er seine Frau, die für ihn – trotz all
seiner Schwärmerei für andere Frauen – «die Krone aller
Frauen» bleibt. Sie hat ihm im ganzen neun Kinder
geboren, ist eine unvergleichliche Mutter und harmo-
nisch-sanft liebende Ehefrau, die sich nur dann und
wann gegen seine Verehrung anderer Frauen auflehnt,
sich aber zumeist danach sehr bald wieder mit ihrem
Mann aussöhnt. So ist sie gleichbleibend – verläßliche,
liebende Nähe, an die sich Ludwig so gewöhnt hat, daß
sie ihn nicht mehr erregen kann, wie er es braucht: Sie
kann das Feuer nicht sein, das er in seinen Adern glühen
spüren muß, um sich noch am Leben zu fühlen...

Weit offen ist sein Herz daher einem neuen Abenteuer, das seine Phantasie beflügeln und ihm wieder einmal «himmelvollen Rausch» gewähren könnte. Ohne Liebe einer solchen, ihn beschwingenden Art fühlt er seine
Königswürde, ja selbst die Krone, nur noch als Last.

«Ach! es heilt kein Thron des Herzens Schmerz»,
hatte er schon früher in einem seiner leidenschaftlich-
radikalen Gedichte ausgerufen.

Seine Natur bedarf des «Glutenmeers» der Liebe, in
das er sich entzückt tauchen will, um in ihm sein Glück
zu fühlen, ja seine Glückseligkeit.

Und die Geliebte erscheint, als hätte sie sein heißester Wunsch nach erneuter Verzauberung aus dem Nichts heraufbeschworen. Sie erscheint mit dem klingenden Namen einer Señora Maria de los Dolores Porris y Montez und bittet dreimal um eine Audienz beim König, um ihn anzuflehen, sie als «spanische Tänzerin» am Münchner Hoftheater auftreten zu lassen, was ihr die dortige Intendanz bislang verweigert hatte.

Ihre dritte Bitte um eine Zusammenkunft mit ihm wird endlich von Ludwig erhört.

Und diese erste Zusammenkunft mit der so hartnäckig bittenden Fremden wird zu der «Sternstunde der Liebe», die Ludwigs ganzes Leben radikal verwandeln sollte bis hin zur Niederlegung der Krone im Jahre 1848 – um ihretwillen.

Niemand war anwesend, als sich diese beiden Menschen im Herbst 1846 zum ersten Mal begegneten. Wir wissen nur, daß ihre Unterredung die «übliche Empfangszeit» weit überschritt...

Sogleich muß diese Frau, die gerade zuvor Franz Liszt begeistert hatte, den König mit ihrer unvergleichlichen Schönheit völlig in Bann geschlagen haben, denn er bewilligte jeden ihrer Wünsche und gab ihr auch die Erlaubnis, am 10. Oktober 1846 im Hoftheater aufzutreten, trotz allen Einspruchs des Intendanten, der schon vom «merkwürdigen Ruf» der Tänzerin gehört hatte, von dem der König noch nichts wußte.

Das Gerücht lief ihrem Kommen voraus, daß sie «unzählige Abenteuer» in vielen Städten der Welt gehabt habe und daher eine sehr umstrittene und sicherlich sogar gefährliche Person sei.

Doch der König will nichts davon wissen, hält diese

Gerüchte für bloße Verleumdung einer der schönsten Frauen, die er je in seinem Leben gesehen hat. Selbst «Mariannina» muß neben ihr verblassen. Sie ist ein «absolutes Kunstwerk der Natur», wie ein Biograph Ludwigs über sie sagte.

Schon oft ist ihre Schönheit beschrieben worden: «...tiefblaue, feurige, glänzende Augen, die zuweilen einen feuchten Schimmer wie von wilder Leidenschaft zeigen, erhellen ein formvollendetes Antlitz, das... von seidenweichen, ebenholzschwarzen Haaren überschattet ist». Auch wurde ihr «schlanker, schneeweißer Hals» gepriesen und «eine Gestalt, die auch den abgefeimtesten Frauenverächter zur Bewunderung zwingen muß».

Was Ludwig aber wohl am meisten an dieser Frau faszinierte, war das Gefühl, daß ihr Herz ebenso kühn und leidenschaftlich schlug wie sein eigenes und ebenso mutig und unbändig nach Selbstausdruck und Freiheit von allen Regeln, die andere im Banne halten, verlangte, wie zeitlebens er selbst es getan hatte. Er fühlte sich dieser geheimnisumwitterten Fremden in höchstem Grade verwandt.

Als er sie endlich ihre «spanischen Nationaltänze» im Hoftheater vorführen sieht, ist er gänzlich von ihr hingerissen. Er empfindet ihr Auftreten, wie Conte Corti, ein Biograph Ludwigs, schreibt, als in «Tanz verwandeltes, inneres Feuer» und kann von seiner Loge aus nur immer wieder rufen: «Wundervoll! Wundervoll!»

Schon nach dem ersten Abend ihres künstlerischen Auftretens entscheidet Ludwig, daß sein Hofmaler Stieler auch ein Bild von dieser Frau für die «Schönheitsgalerie» in München malen muß.

Wie zuvor schon so oft, ist Ludwig bei allen Sitzungen

bei Stieler anwesend, täglich tiefer dem exotischen Zauber dieser einzigartigen und temperamentvollen «Südländerin» verfallend.

Am «hemmungslosen Entzücken» des Königs erkennt die Tänzerin schon bald, daß sie Ludwigs Herz im Sturm erobert hat. Es fällt ihr nun leicht, den Regenten in ein Netz phantastischer Geschichten, ihre Person betreffend, einzuspinnen. So erzählt sie ihm, daß sie erst zweiundzwanzig Jahre alt sei und aus uradligem spanischen Geschlecht stamme, wobei sie immer wieder, in fast hypnotischer Weise, ihren volltönend-fremdartigen «spanischen» Namen rezitiert, womit sie seine Sinne einschläfert – und seine Wachsamkeit.

Ludwig ist berauscht, «überströmend von Glücksgefühl». Endlich hat er die Frau gefunden, die ihm wahrhaft ebenbürtig ist, auch an Geist, Künstlertum, innerem Feuer, Mut, die seine Leidenschaft erwidert und immer neu anfacht wie keine andere Frau vor ihr – oder neben ihr. Er fühlt sich auf dem Gipfel seiner höchsten Liebeserwartungen angelangt. Seine Phantasie ist unendlich beflügelt.

Endlich hat ihm das Schicksal den Höhepunkt seines Fühlens und Begehrens gewährt, nach dem er sich ein Leben lang gesehnt hatte. Schon fühlt er sich trotz seines Alters fast wieder wie ein Jüngling. Wer spricht vom Ende des Lebens, Altern oder gar Tod, wenn einem mit einundsechzig Jahren noch dergleichen widerfahren kann?

An dieser Stelle in der Lebensgeschichte Ludwigs angelangt, sollten wir eigentlich unsere Erzählung von der «Sternstunde der Liebe» in seinem Leben ausklingen lassen.

Mit diesem strahlenden Liebesakkord – seiner Liebe zur fremden Tänzerin – hätte sein Leben sehr wohl zu Ende gehen können, wenn es der Fall wäre, daß die Realität je mit unseren Träumen von Leben und Liebe übereinstimmte.

Eine Weile lang sah es noch so aus, als ob eine derartige Liebe wirklich möglich wäre und sich im Leben Ludwigs in höchster Form verkörpert hätte. Doch das unerhört strahlende Liebesschauspiel dieser beiden Menschen sollte sich nur zu bald in ein Drama höchster Konflikte verwandeln, das in Tragik enden mußte.

Denn diese «Spanierin», die dem König in bewegten Worten erklärt hatte, daß er ihr «unendliche Liebe» eingeflößt habe, um deretwillen sie «auf alles» verzichten wolle, war in Wahrheit eine Hochstaplerin, eine Schauspielerin auf der Bühne des Lebens selbst, die vor nichts zurückscheute, und was sie für sich selbst inszeniert hatte war: eine Frau, verzehrt vom «Willen zur Macht»...

Liebe war für sie nichts als ein Spiel, ein Mittel zum Zweck, das notwendige Medium, zur Macht zu gelangen und selbst einen König zu regieren!

All dies mußte Ludwig während der folgenden Jahre erfahren, und noch viel mehr: daß sie nämlich in Wirklichkeit keineswegs Spanierin, sondern eine nichtadlige Engländerin war, eine geborene Maria Dolores Eliza Gilbert, geschiedene Frau James, die schon aus mehreren Städten wie etwa Warschau und Berlin fortgewiesen worden war, da sie dort «Polizeiorgane mit der Reitpeitsche bedroht» hätte und überhaupt überall sonst ein «unverschämtes Verhalten» zur Schau trage, basierend auf ihrem maßlos-übermütigen Eigenwillen. Außerdem stehe sie mit vielen revolutionären Persönlichkeiten der Zeit in Verbindung. Daher sei sie selbst wohl auch eine Revolutionärin, die überall nur Unruhe und Skandale anzustiften fähig wäre.

Mehr und mehr verbreiten sich diese Gerüchte, die die nun «Lola Montez» Genannte durch ihr ungebärdiges Verhalten auch in München nur zu bestätigen schien.

Das Großartige und Einmalige ist, daß Ludwig dieser Frau, obwohl er nun weiß, daß sie lediglich eine Abenteuerin und Unruhestifterin ist, dennoch die Treue hält – bis an ihr «Ende», das schließlich, nach zahllosen Krisen, ja Katastrophen, mit ihrem fluchtartigen Verlassen der Stadt einsetzt.

Ludwig bleibt dieser seiner letzten großen Liebe treu, selbst als seine Minister ihn dieser Frau wegen verlassen. Auch ein «Mahnbrief» des Papstes, der ihn beschwor, doch nicht vom «Wege der Tugend» abzuweichen und weiterhin die «feste Stütze der katholischen Sache» zu bleiben, die er bislang war, verhallt ungehört.

Ludwig ist bereit, sein «letztes Blut» für diese Frau zu geben, die seines «Lebens glühendste Lebensglut» ist, da sie ihn zu höchstem Dasein erweckt hatte, ohne dabei je seine «Mätresse» geworden zu sein, wie der König seinen Bischöfen in einem bewegenden Brief bekennt.

Und so legt Ludwig – nach vielen hochdramatischen, inneren und äußeren Kämpfen – ihretwegen am 20. März 1848 die Krone nieder; einer Frau wegen, die schon längst wie ein phantastischer Schatten ins Ungreifbare entflohen war...

Nie sah er sie wieder, für die er sein Leben gewagt und viele Monate lang gegen eine ganze Welt angekämpft hatte.

Lola Montez war somit nur ein Traum gewesen, aber der höchste-tiefste Traum, den ein Romantiker auf dem Thron zu träumen und zu leben fähig war, ein Dichter, der nie vermutet hätte, daß eine Frau, so schön und begabt wie Lola Montez, es fertigbringen würde, mit der Liebe – und noch dazu der bedingungslosen eines Königs – ihr Spiel zu treiben!

Am Ende hatte Ludwig alles verloren: Thron und Liebe. Aber er bereute es nicht. Er hatte einen Meteor geliebt, der magisch schimmernd für eine Lichtsekunde am Nachthimmel seines Lebens vorübergezogen war, das Dunkel blitzhaft erhellend, um danach ins Wesenlose zu versinken...

Einmal hatte er wie ein Gott gelebt und geliebt, und das bedeutete mehr für ihn als alles sonst, was das Dasein zu geben hat. Und er schwor sich, aufs neue zu lieben, sollte die «Göttin der Gelegenheit» ihm dieses in seinem hohen Alter noch einmal anbieten.

Ein paar Zeilen aus einem Sonett Ludwigs fassen vielleicht am eindrücklichsten zusammen, worum es ihm ging und worum es in diesem Buch geht, das von den «Sternstunden der Liebe» handelt:

> Geweihte Augenblicke sind gegeben,
> Die plötzlich kommen, niemals sich erneuen,
> Entscheidend für des Menschen ganzes Leben.
> Wenn er sie nicht ergreift, wird er's bereuen,
> Sie ruft zurück kein Sehnen und kein Streben,
> Laß' Saat jetzt für die Ewigkeit uns streuen.

Mit König Ludwig I. war in Bayern das «Zeitalter der Liebe» angebrochen, das, wie wir in diesem Buch sahen, viele andere Dichter und Denker des 19. Jahrhunderts ebenfalls herbeigesehnt hatten, ohne ihm jedoch wie Ludwig auch zur Herrschaft verhelfen zu können.

Ludwig I. bleibt einer der leidenschaftlichsten Visionäre eines «Reiches der Liebe», das seinetwegen nicht länger eine bloße Utopie zu sein braucht. Er lebte es. Er lebte aus dem Geist der Liebe, und es bedeutet nichts, daß er darin einmal durch eine leichtsinnig-übermütige und betrügerische Frau enttäuscht worden war.

Sein Glaube an die Liebe als eine alles verbindende und heilende Macht bestand fort bis an sein Lebensende.

Lola Montez, die mit einem Königsherzen und der Welt spielte, ist längst versunken als ein negatives Modell von Frauenemanzipation.

Ludwigs Leben aber leuchtet unvermindert weiter.

Richard Wagner und Cosima von Bülow

Johann Wolfgang Goe

Heinrich Heine und Amalie Heine

Else Lasker-Schül

Paula Modersohn-Becker und Rainer Maria Rilke

Caroline Böhmer